Maschinenschreiben am Computer

von

Karl Wilhelm Henke

Soest-Ampen

ISBN 3-8045-
7029-1

6.[1] Auflage, 1995
(1., unveränderter Nachdruck der 6. Auflage)

**Winklers
Verlag**

**Gebrüder
Grimm
Darmstadt**

1 Einführung

1.1 Hardware

● Als „Hardware" bezeichnet man alle physischen Bestandteile eines Arbeitsplatzcomputers.
Um Informationen (Daten) mit dem Computer verarbeiten zu können, ist eine bestimmte Zusammenstellung (Konfiguration) von Baueinheiten erforderlich:

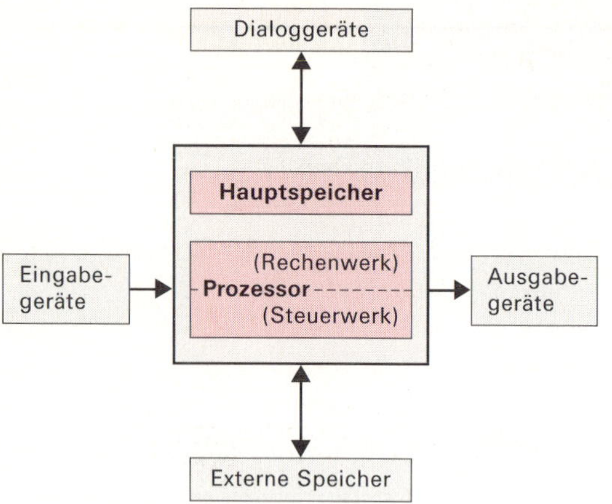

1.1.1 Tastatur

● Daten/Texte oder Programmbefehle werden über eine Tastatur in die Zentraleinheit eingegeben. Tastaturen für die Datenverarbeitung sind unterteilt in einen alphanumerischen Bereich (Buchstaben, Ziffern und Sonderzeichen), einen numerischen Bereich (Ziffern) und Funktionsbereiche. Der Cursor (Schreibmarke) wird mit den Cursortasten in die gewünschten Schreibpositionen gebracht.

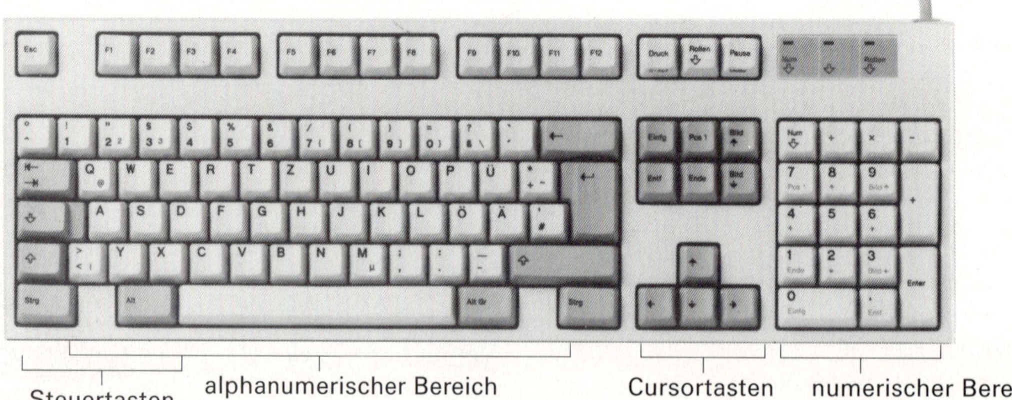

Steuertasten   alphanumerischer Bereich   Cursortasten   numerischer Bereich

● Als Eingabegeräte werden auch die Maus, der Tracking-Ball (Rollkugel), der Scanner, die Lesestifte und das Schreibtablett mit Lesestift verwendet.

Wichtige Funktionstasten

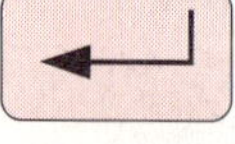
Die Rückführtaste mit Zeilenschritt dient zur Schaltung von Leerzeilen und schließt die Befehlseingabe ab.

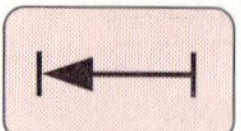
Die Rückschrittaste löscht das Zeichen links vom Cursor.

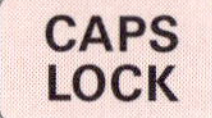
CAPS LOCK — Mit dem Umschaltfeststeller Shift-Taste nimmt man die Dauergroßschreibung vor. Bei nochmaliger Betätigung wird die Dauergroßschreibung wieder aufgehoben.

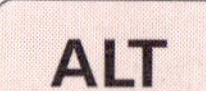
ALT — Mit der Alt-Taste wird das Hauptmenü (die Menüzeile) markiert. Zur Auswahl von Untermenü und Funktion ist der hervorgehobene Buchstabe einzugeben.

Zur weiteren Befehlseingabe ist die Alt-Taste festzuhalten und gleichzeitig eine andere Taste zu bedienen.

ESC — Mit der Escape-Taste verläßt man das Untermenü und kehrt zurück in den Textbereich.

Entf — Die Entfernungstaste (DEL) löscht das Schriftzeichen rechts vom Cursor oder markierte Textteile.

Strg — Die Steuerungstaste (CTRL) ist eine Steuertaste. Sie muß zur Befehlseingabe mit einer anderen Taste heruntergedrückt werden.

F1 — F-Tasten sind Funktionstasten.

1.1.2 Zentraleinheit

● Die Zentraleinheit aus Hauptspeicher und Prozessor bildet das Herzstück eines Computers. Der Hauptspeicher nimmt die Daten/Texte und Programme vorübergehend auf. Eingegebene Daten/Texte werden vom Hauptspeicher in den Prozessor übertragen und dort verarbeitet. Danach gelangen sie in den Hauptspeicher zurück. Der Prozessor besteht aus einem Steuerwerk und einem Rechenwerk.

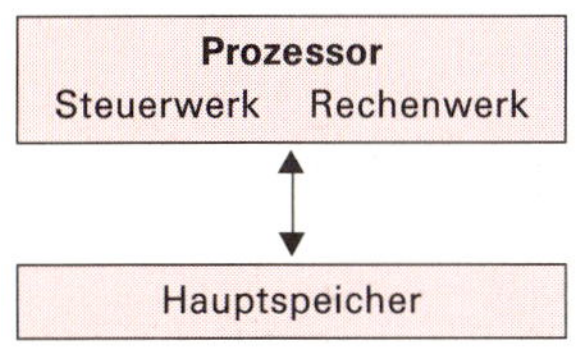

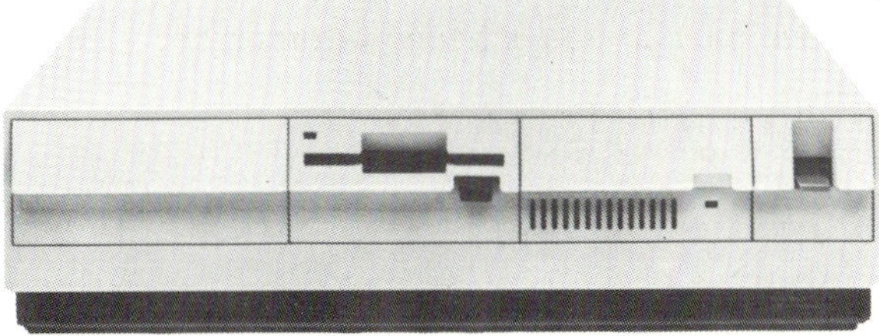

1.1.3 Bildschirm

● Eingegebene oder verarbeitete Daten/Texte erscheinen auf dem Bildschirm. Die meisten Bildschirme nehmen 80 Zeichen (Spalten) in einer Zeile auf. Die Anzeigemöglichkeit eines Bildschirms ist bei den meisten Computern auf 24 Zeilen begrenzt.

1.1.4 Drucker

● Als Drucker dienen Typenraddrucker, Matrixdrucker (Nadeldrucker, Tintenstrahldrucker, Thermodrucker) oder elektrostatische Drucker (Laserdrucker). Die Ausgabegeschwindigkeit der Daten/Texte ist unterschiedlich hoch. Es ist an den meisten Druckern auch möglich, Grafiken zu drucken.

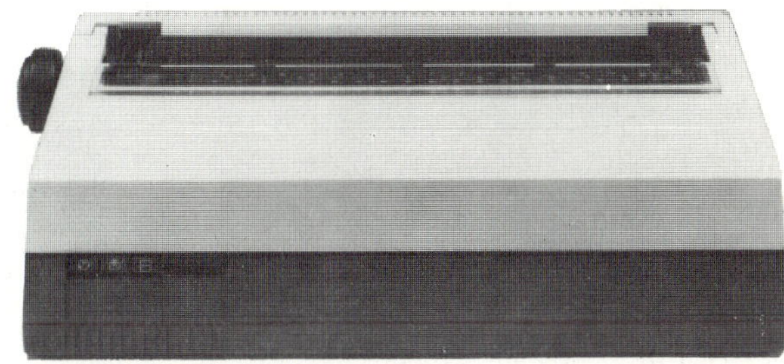

1.1.5 Externe Speicher

● Da die Speicherkapazität im Hauptspeicher der Zentraleinheit nicht ausreicht, sind externe Speicher (Datenträger) erforderlich, die die Daten oder Programme dauerhaft speichern. Als Datenträger werden in der Textverarbeitung überwiegend Disketten und Magnetplatten (Festplatten) verwendet.

● Disketten sind magnetisierte Kunststoffscheiben, die mit einer Schutzhülle versehen sind. Auf Disketten oder Magnetplatten sind die Daten/Texte in verschlüsselter Form dargestellt.

● Die Compact-Disc (CD) ist das neueste Speichermedium. Sie hat den Vorteil, daß sie bei einer wesentlich höheren Speicherkapazität die Informationen noch schneller verarbeiten kann.

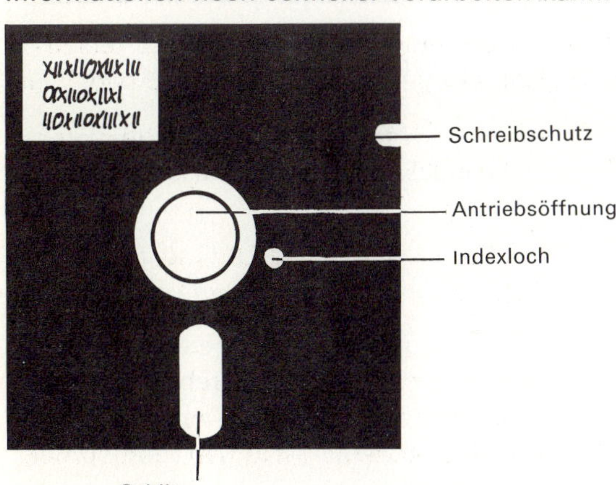

Schreibschutz

Antriebsöffnung

Indexloch

Schlitz
für den Schreib- und Lesekopf

● Die Disketten in einer Größe von $5\frac{1}{4}$" müssen besonders pfleglich behandelt werden. Robuster sind die Disketten von $3\frac{1}{2}$".

● Behandlung der Disketten

Vor Sonne und Wasser schützen!

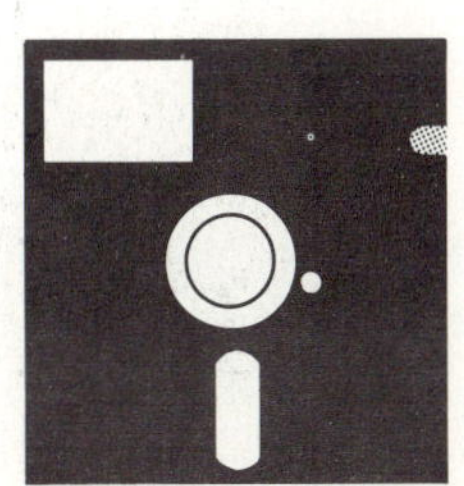
Wenn rechte Einkerbung überklebt, schreibgeschützt!

Nicht auf der Diskette beschriften!

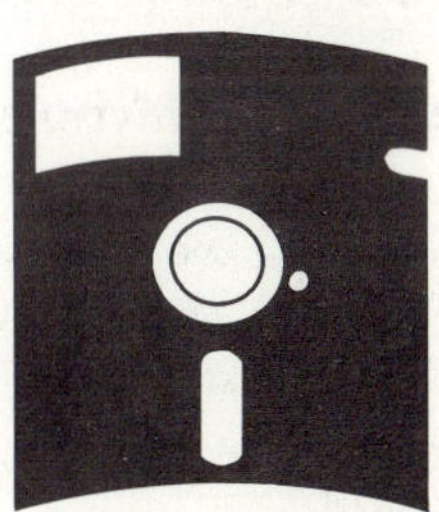
Knicken vermeiden!

Vor Magnetfeldern schützen!

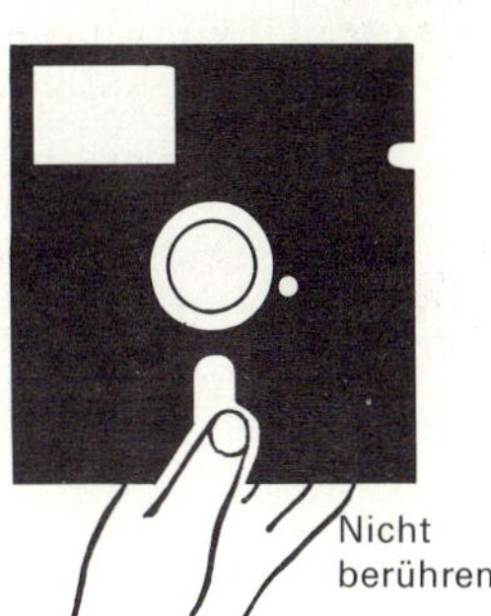
Nicht berühren!

1.2 Software; Starten des Programms; Menü

1.2.1 Software

● „Software" ist die Sammelbezeichnung für alle Programme. Dabei ist zwischen Systemprogrammen (Betriebssystemen) und Anwendungsprogrammen zu unterscheiden. Für die Textverarbeitung mit einem Computer müssen ein Betriebssystem (z. B. MS-DOS) und ein Textverarbeitungsprogramm vorhanden sein.

● Mit einem Textverarbeitungsprogramm sind verschiedene Funktionen möglich:

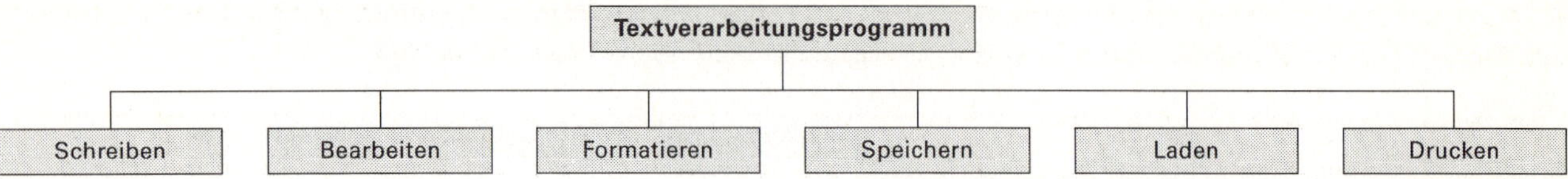

1.2.2 Starten des Programms

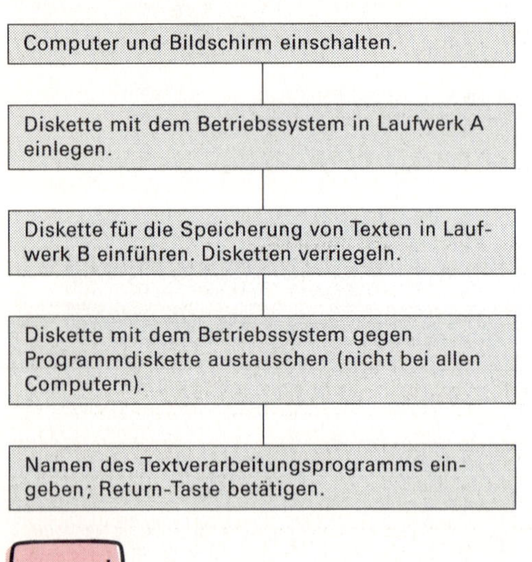

Laufwerk A   Laufwerk B

● Befinden sich die Programme auf einer Festplatte, ist nur der Name des Textverarbeitungsprogramms einzugeben. Es ist zweckmäßig, die Texte auf einer Diskette im Laufwerk A zu speichern.

1.2.3 Menü (Bedienerführung)

● Das Menü führt den Bediener durch das Programm. Über den Bildschirm erhält er Hinweise oder Hilfen. Aus dem Menü können verschiedene Funktionen ausgewählt werden.

● Das Menü ist in der Regel in mehrere Funktionsbereiche auf verschiedenen Ebenen unterteilt.

Beispiel für das Hauptmenü des Textverarbeitungsprogramms WORD 5.0:

```
BEFEHL: Ausschnitt Bibliothek Druck Einfügen Format Gehezu Hilfe Kopie
        Löschen Muster Quitt Rückgängig Suchen Übertragen Wechseln Zusätze
Bearbeiten Sie bitte Ihren Text oder unterbrechen Sie zum Hauptbefehlsmenü!
Se1 Ze2 Sp1      ()                                          Microsoft Word
```

In das Untermenü gelangt man bei WORD mit der ESC-Taste.

1.2.4 Zeilenlineal

● Um die Cursorpositionen auf dem Bildschirm ablesen zu können, ist es sinnvoll, das Zeilenlineal einzublenden. Dazu ist im Untermenü AUSSCHNITT OPTIONEN hinter „Zeilenlineal" ein „ja" einzugeben.

1.2.5 Zeilennummern

● WORD bietet die Möglichkeit, auch die Zeilennummern auf dem Bildschirm anzuzeigen. Eine solche Einstellung nimmt man vor, indem man im Untermenü ZUSÄTZE hinter „Zeilennummern" „ja" einstellt.

70294

1.3 Randeinstellung – Speichern – Drucken

1.3.1 Randeinstellung

● Vor der Texterfassung ist der Rand einzustellen. Nach DIN 5008 (Regeln für Maschinenschreiben) vom November 1986 ist der Zeilenanfang auf Grad 10 und das Zeilenende auf Grad 70 festgelegt.

● Beim Textverarbeitungsprogramm WORD ist der Rand im Untermenü FORMAT BEREICH SEITENRAND einzugeben.

● Die einzelnen Funktionen der Untermenüs können beim Textverarbeitungsprogramm WORD durch Eingabe der Anfangsbuchstaben oder durch Anspringen mit der Tabuliertaste aktiviert werden.

```
FORMAT BEREICH SEITENRAND Oben: 2,5 cm      Unten: 2 cm            Links: 2 cm
   Rechts: 2 cm     Seitenlänge: 29,7 cm    Breite: 21 cm    Bundsteg: 0 cm
   Abstand Kopfzeile von oben: 1,25 cm      Fußzeile von unten: 1,25 cm
Geben Sie bitte das Maß ein!
Se1 Ze1 Sp1        ()                                        Microsoft Word
```

1.3.2 Untermenü ÜBERTRAGEN zum Speichern

● Zur dauerhaften Speicherung müssen die Texte des Hauptspeichers (Arbeitsspeichers) auf eine Diskette oder Festplatte übertragen werden.

```
ÜBERTRAGEN: Laden Speichern Bildschirmlöschen Dateilöschen Zusammenführen
            Optionen Umbenennen Textbausteine
Lädt die angegebene Datei
Se1 Ze1 Sp1        ()                                        Microsoft Word
```

● Dem Dateinamen ist bei Computern mit mehreren Laufwerken das Laufwerk (z. B. **a:** oder **b:**) voranzustellen.

```
ÜBERTRAGEN SPEICHERN Dateiname:

                                                     Formatiert:(Ja)Nein
Geben Sie bitte den Dateinamen ein!
Se1 Ze1 Sp1        ()                                        Microsoft Word
```

1.3.3 Untermenü DRUCK

● Zum Drucken von Texten ist das Untermenü DRUCK aufzurufen und die Funktion DRUCKER anzusteuern.

```
DRUCK: Drucker Serienbrief soFort Platte/Diskette Optionen
       Warteschlange Umbruch-Seite Textbaustein
Druckt die Datei im aktiven Ausschnitt
Se1 Ze1 Sp1        ()                                        Microsoft Word
```

1.3.4 Untermenü ÜBERTRAGEN zum Bildschirmlöschen

● Bevor ein neuer Text eingegeben wird, ist der Bildschirm zu löschen. Dazu ist das Untermenü ÜBERTRAGEN aufzurufen und die Funktion BILDSCHIRMLÖSCHEN GESAMT zu wählen.

```
ÜBERTRAGEN BILDSCHIRMLÖSCHEN: Ausschnitt Gesamt

Löscht die Datei im aktiven Textausschnitt aus dem Arbeitsspeicher
Se1 Ze1 Sp1        ()                                        Microsoft Word
```

1.3.5 Beenden der Arbeit

● Bevor man die einzelnen Baueinheiten des Computers ausschaltet, ist das Untermenü QUITT aufzurufen.

2 Texteingabe

2.1 Grundstellung: f, j, d und k

2.1.1 Einnehmen der Grundstellung

Die Grundstellung wird ertastend in der mittleren Buchstabentastenreihe (Grundreihe) eingenommen.

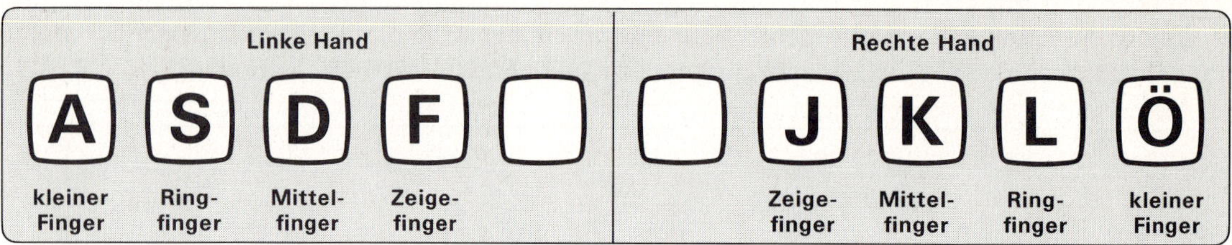

2.1.2 Einnehmen der Schreibhaltung

Aufrecht sitzen, Ellenbogen locker an den Körper anlegen, Unterarm und Handrücken bilden eine gerade Linie. Die ersten Fingerglieder sind leicht gekrümmt.

2.1.3 Bedienung der Leertaste

Wenn Sie die Schreibhaltung eingenommen haben, sollten die Daumen über der Leertaste schweben. Die Leertaste wird mit dem rechten Daumen bedient. Schlagen Sie die Leertaste einige Male an. Beim Anschlag der Leertaste bewegt sich der Cursor (Positionsanzeiger) nach rechts. Er steht immer rechts neben dem zuletzt geschriebenen Zeichen.

2.1.4 Texteingabe mit Texterfassung am Bildschirm

Alle Texte sind fortlaufend einzugeben. Am Zeilenende wird eine automatische Zeilenschaltung vorgenommen. Geben Sie also immer nur einen Leerschritt ein. Um eine Leerzeile zu bekommen, ist die Rückführtaste mit Zeilenschritt (Return-Taste) zweimal zu bedienen.

● Der rechte kleine Finger tastet waagerecht nach rechts zur Return-Taste.

2.1.5 Erarbeitung des f und j

```
Zeile 1   fff  fff  fff  fff  fff  fff  fff  fff  fff  fff  fff  fff  fff  fff  fff
     2    jjj  jjj  jjj  jjj  jjj  jjj  jjj  jjj  jjf  jjf  jjf  jjf  jjf  jjf  jjf
     3    ffj  ffj  ffj  ffj  ffj  ffj  ffj  ffj  jfj  jfj  jfj  jfj  jfj  jfj  jfj↵
```

2.1.6 Erarbeitung des d

```
     4    ddd  ddd  ddd  ddd  ddd  dfd  dfd  dfd  dfd  dfd  djd  djd  djd  djd  djd
     5    dfj  dfj  dfj  dfj  dfj  fdj  fdj  fdj  fdj  fdj  jdf  jdf  jdf  jdf  jdf
     6    ddd  dfd  djd  dfj  fdj  jdf  ddd  dfd  djd  dfj  fdj  jdf  ddd  dfd  djd↵
```

2.1.7 Erarbeitung des k

```
     7    kkk  kkk  kkk  kkk  kkk  kjk  kjk  kjk  kjk  kjk  kfk  kfk  kfk  kfk  kfk
     8    kdk  kdk  kdk  kdk  kdk  kjf  kjf  kjf  kjf  kjf  kfd  kfd  kfd  kfd  kfd
     9    jkf  jkf  jkf  jkf  jkf  jkd  jkd  jkd  jkd  jkd  djk  djk  djk  djk  djk
     10   kkk  kjk  kfk  kdk  kjf  kfd  jkf  jkd  djk  kkk  kjk  kfk  kdk  kjf  kfd
```


70296

2.2.1 Wiederholung

```
Zeile 1  dfd djd dfj jdf kjk kfk kdk kjf kfd jkf jkd djk kjk kfk djk
      2  djd jdf kfk kjf jkf jkd djk kjk kdk jkd djk dfd fdj djd kdk←
```

2.2.2 Erarbeitung des s

```
 3  sss sss sss sss sss sds sds sds sds sds sfs sfs sfs sfs sfs
 4  sjs sjs sjs sjs sjs sks sks sks sks sks skj skj skj skj skj
 5  sss sds sfs sjs sks skj sss sds sfs sjs sks skj sss sds sfs←
```

2.2.3 Erarbeitung des l

```
 6  lll lll lll lll lll lkl lkl lkl lkl lkl ljl ljl ljl ljl ljl
 7  lfl lfl lfl lfl lfl ldl ldl ldl ldl ldl lsl lsl lsl lsl lsl
 8  lll lkl ljl lfl ldl lsl lll lkl ljl lfl ldl lsl lll lkl ljl←
```

2.2.4 Erarbeitung des a

```
 9  aaa aaa aaa aaa aaa asa asa asa asa asa ada ada ada ada ada
10  afa afa afa afa afa aja aja aja aja aja aka aka aka aka aka
11  aaa asa ada afa aja aka aaa asa ada afa aja aka aaa asa ada←
```

2.2.5 Erarbeitung des ö

```
12  ööö ööö ööö ööö ööö ölö ölö ölö ölö ölö ökö ökö ökö ökö ökö
13  öfö öfö öfö öfö öfö ödö ödö ödö ödö ödö ösö ösö ösö ösö ösö
14  ööö ölö ökö öfö ödö ösö ööö ölö ökö öfö ödö ösö ööö ölö ökö←
```

2.2.6 Festigung

```
15  fa fa fa fa fa fa da da da da da da da ja ja ja ja ja ja ja
16  ad ad ad ad ad ad al al al al al al al as as as as as as as
17  jö jö jö jö jö jö dö dö dö dö dö dö dö öl öl öl öl öl öl öl←
```

2.2.7 Lernkontrolle

```
18  das das das das das lös lös lös lös lös lad lad lad lad lad
19  das lös lad das lös lad das lös lad lös das lad das lad lös
20  fad als las das lös lad fad als las das lös lad als das las
```

2.2.8 Textanzeige am Bildschirm

● Daten, die über die Tastatur eingegeben werden, erscheinen auf dem Bildschirm. Bildschirme gibt es in den unterschiedlichsten Größen. Die meisten Bildschirme zeigen 24 Schreibzeilen, einige aber sogar eine ganze Seite A4.

● Der Käufer hat die Wahl zwischen Monochrom- und Farbbildschirmen. An Bildschirmen können auch Grafiken dargestellt werden. Bildschirme müssen den ergonomischen Ansprüchen gerecht werden. Helligkeit und Kontrast lassen sich vom Bediener einstellen.

● Bevor ein Text gespeichert wird, sind auf dem Bildschirm Korrekturen möglich.

2.3 Spreizgriffe: g und h; Cursorführung, Sofortkorrekturen

2.3.1 Wiederholung

Zeile 1 da ja das las fad lös falls das lös fad als falls lös falls
2 ja da als fad das las falls lös das als las falls las falls←

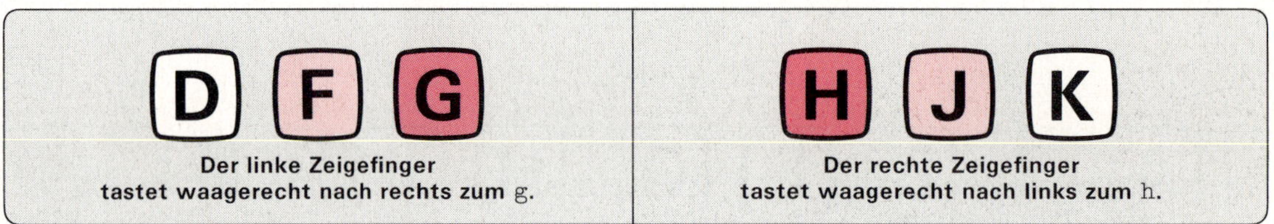

2.3.2 Erarbeitung des g

3 fg fg gf gf fgf fgf gfg gfg dfg dfg fgd fgd fgs fgs gfa gfa
4 fgj fgj gfk gfk fgl fgl ögf ögf dfg fgd fgs gfa fgj gfk fgl
5 ga ga ga ga gö gö gö gö ag ag ag ag ög ög ög ög ga gö ag ög←

2.3.3 Festigung

6 sag sag sag sag sag jag jag jag jag jag lag lag lag lag lag
7 sag sag jag jag lag lag sag sag jag jag lag lag sag jag lag
8 sag jag lag sag jag lag jag sag lag jag lag sag jag sag lag←

2.3.4 Erarbeitung des h

9 jh jh hj hj jhj jhj hjh hjh kjh kjh jhk jhk hjl hjl öhj öhj
10 jhf jhf hjd hjd jhs jhs hja hja kjh jhk hjl öhj jhf hjd jhs
11 ha ha ha ha hö hö hö hö ah ah ah ah öh öh öh öh ha hö ah öh←

2.3.5 Festigung

12 aha aha aha aha aha sah sah sah sah sah aha aha sah sah aha
13 half half half half fahl fahl fahl fahl kahl kahl kahl kahl
14 half half fahl fahl kahl kahl aha sah half fahl kahl sah da←

2.3.6 Lernkontrolle

15 lag das als jag sah da fahl half kahl half fahl kahl da jag
16 sag als jag das lag ja half kahl fahl half kahl fahl ja lag
17 jag lag das sag sah da kahl fahl half fahl half kahl da sah←

18 sah half als das kahl sag ja fahl als half lag da half fahl
19 ja half als fahl sag kahl lag da half das jag fahl als half
20 kahl das half da fahl sah jag als ja kahl sag das half kahl

2.3.7 Cursorführung

● Der Cursor wird innerhalb der Zeile mit der Linkspfeiltaste nach links und mit der Rechts-
pfeiltaste nach rechts geführt. Der Cursor kann auch wortweise bewegt werden.

2.3.8 Aufgabe

*Führen Sie den Cursor zunächst von rechts nach links und danach von links nach rechts auf die in Zeile 20
gekennzeichneten Positionen.*

2.3.9 Sofortkorrekturen

● Mit der Korrekturtaste können Schriftzeichen gelöscht werden. Der Cursor springt dann
jeweils einen Zeichenschritt nach links und löscht das vorhergehende Zeichen. Die folgenden Textteile rücken schrittweise nach links. Es ist auch möglich, Schriftzeichen durch
Überschreiben zu löschen. Dazu muß der Cursor auf das jeweilige Schriftzeichen geführt
werden. Für Korrekturen sind die genormten Korrekturzeichen zu verwenden.

Beispiel: jag kahl sag fahl ja sah fag
1. Fehler   2. Fehler   3. Fehler   4.Fehler

2.3.10 Aufgaben

a) Korrigieren Sie:

21 öö⌫ ö öö⌫ ö öö⌫ ö öö⌫ j öö⌫ j öö⌫ j öö⌫ k öö⌫ k öö⌫ k öö⌫ h öö⌫ h

b) Schreiben Sie die folgenden Zeilen. Korrigieren Sie jeweils am Zeilenende.

22 ja half als fahl sag kahl lag da half das jag fahl als half
23 kahl das half da fahl sah sag als ja kahl sag das half kahl

70298

2.4 Griffe in die Oberreihe: e und i; Cursorführung, Sofortkorrekturen

2.4.1 Wiederholung

Zeile 1   lag sag jag half kahl fahl sag lag half lag sah als lag das
2   das jag sah fahl half kahl als das kahl sag lag sah jag als↵

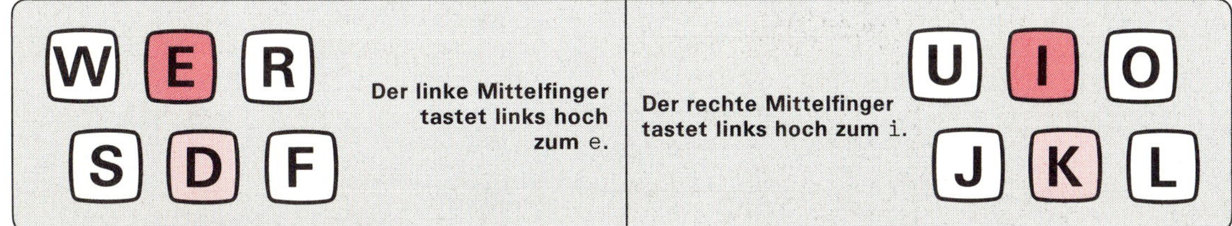

2.4.2 Erarbeitung des e

3   de de ed ed ded ded ede ede fde fde def def eds eds ade ade
4   dej dej edk edk del del led led fde def eds ade dej edk del
5   fe fe fe se se se ge ge ge le le le es es es el el el eh eh↵

2.4.3 Festigung

6   jede jede jede jede lade lade lade lade jede jede lade lade
7   löse löse löse hell hell hell egal egal egal löse hell egal
8   jede lade löse hell egal jede lade löse hell egal löse hell↵

2.4.4 Erarbeitung des i

9   ki ki ik ik kik kik iki iki jki jki kil kil ikö ikö jik jik
10   kid kid ika ika kig kig eik eik jki kil ikö jik kid ika kig
11   fi fi fi di di di si si si li li li id id id is is is il il↵

2.4.5 Festigung

12   die die die die sei sei sei sei die die sei sei die sei die
13   fiel fiel fiel hilf hilf hilf lief lief lief lieh lieh lieh
14   die sei fiel hilf lief lieh die sei fiel hilf lief lieh die↵

2.4.6 Lernkontrolle

15   es öle die elf sei öde lade dies fiel löse gehe jedes leihe
16   je des sei öde die elf lief fiel löse dies leid alles liege
17   es sie öle des elf sei hilf lade fiel lies lief leise feile↵

18   öde leid dies lief hege fiel alles jedes lasse ideal dieses
19   sei jede lade alle hilf dies lasse feile leide alles leises
20   die gehe alle lies seid lief siege ideal diese leihe dieses

2.4.7 Cursorführung

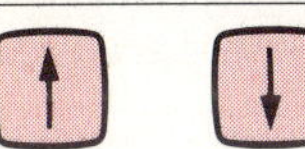

● Mit der Hochstell- oder Tiefstelltaste wird der Cursor in eine andere Schreibzeile geführt.

2.4.8 Aufgaben

a) Führen Sie den Cursor auf die grau gekennzeichneten Buchstaben der vorstehenden Zeilen, und zwar zuerst von unten nach oben und anschließend von oben nach unten. b) Korrigieren Sie die Schreibfehler der vorstehenden Übungen.

2.4.9 Sofortkorrekturen

● Zum Löschen von Wörtern kann die Korrekturtaste (Delete) benutzt werden. Es ist aber auch möglich, durch einen Befehl ein ganzes Wort zu löschen. Das Löschen oder Ersetzen von Wörtern wird wie folgt gekennzeichnet.

Beispiel: Text	Rand	Ausführung	Text	Rand	Ausführung
~~ideal~~	⊢⊣ ℐ	Löschen	~~leihe~~	⊢⊣ lasse	Ersetzen

2.4.10 Aufgaben

Schreiben Sie die folgenden Zeilen in der ursprünglichen Fassung ab. Korrigieren Sie die Schreibfehler sofort. Führen Sie die gekennzeichneten Korrekturen aus, nachdem Sie alle Zeilen geschrieben haben.

21   die jede alle lief seid fiel ~~lasse~~ ideal lasse leihe dieses   ⊢⊣ leihe
22   des leid ~~lade~~ alle sieh dies diese leihe jedes alles leises   ⊢⊣ fiel
23   sie hilf löse lies leid lieh leise lasse ~~ideal~~ lasse dieses   ⊢⊣ alles

2.5 Griff in die Unterreihe: Komma; Cursorführung; Sofortkorrekturen

2.5.1 Wiederholung

Zeile 1 lade jede lege sehe gehe hilf fiel dies lieh seid lies löse
    2 dies lade hilf löse sehe sage seid lieh lege fiel hilf dies↵

2.5.2 Erarbeitung

  3 k, k, ,k ,k k,k k,k ,k, ,k, ,kj ,kj k,l k,l ,kö ,kö h,k h,k
  4 k,f k,f ,kd ,kd k,s k,s ak, ak, ,kj k,l ,kö h,k k,f ,kd k,s
  5 ja, ja, ja, ja, da, da, da, da, es, es, es, es, ja, da, es,↵

2.5.3 Festigung

  6 sage, sage, sage, lege, lege, lege, gehe, gehe, gehe, gehe,
  7 sie lief, sie lief, sie lief, sie lief, sie lief, sie lief,
  8 sie fiel, sie fiel, sie fiel, sie fiel, sie fiel, sie fiel,↵

  9 seid leise, seid leise, seid leise, seid leise, seid leise,
 10 leihe dies, leihe dies, leihe dies, leihe dies, leihe dies,
 11 sie sah es, sie sah es, sie sah es, sie sah es, sie sah es,↵

2.5.4 Lernkontrolle

 12 sie lief, sie fiel, sie lieh, sie lief, sie fiel, sie lieh,
 13 seid leise, leihe dies, seid leise, leihe dies, seid leise,
 14 sie sah es, lasse dies, sie sah es, lasse dies, sie sah es,↵

 15 sie leihe dies, sie lasse dies, sie lege dies, sie lieh es,
 16 sie lasse dies, sie leihe dies, sie sage dies, sie lese es,
 17 dies sei eilig, sie gehe leise, sage es leise, sie lege es,↵

 18 seid leise, sie lege dies, sie lasse dies, lies dies alles,
 19 gehe leise, sie sei eilig, sie lief eilig, es sei alles da,
 20 sie öle es, sie sage dies, sie fasse dies, falls sie siege,

2.5.5 Cursorführung; Sofortkorrekturen

● Durch Eingabe entsprechender Befehle sind durch Cursorsprünge der Zeilenanfang, das Zeilenende, der Bildschirmanfang, das Bildschirmende, der Textanfang und das Textende zu erreichen.

2.5.6 Aufgaben

1. Korrigieren Sie die Schreibfehler der vorstehenden Übungen.

2. Schreiben Sie die folgenden Zeilen in der ursprünglichen Fassung ab. Führen Sie die Korrekturen erst aus, wenn Sie die Zeilen vollständig geschrieben haben.

 21 sie lege es, sie ~~lasse~~ dies, sie sage dies, falls sie gehe,
 22 dies sei ~~eilig~~, falls dies eilig sei, seid leise, sie lese,
 23 sie gehe eilig, falls sie ~~es lasse~~, sie sage es, es sei da,

3. Steuern Sie mit dem Cursor folgende Positionen an:
   a) Zeilenanfang und Zeilenende der Zeilen 18 bis 20
   b) Bildschirmanfang und Bildschirmende
   c) Textanfang und Textende

702910

2.6 Griffe in die Oberreihe: r und u; Sofortkorrekturen durch Einfügungen

2.6.1 Wiederholung

Zeile 1   sie lieh, sie fiel, sie lief, sie lieh, sie lief, sie fiel,
2   leihe dies, seid leise, lasse dies, gehe leise, leihe dies,↵

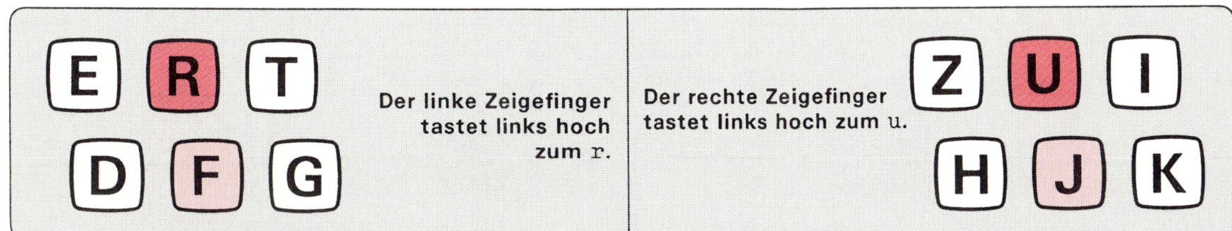

2.6.2 Erarbeitung des r

3   fr fr rf rf frf frf rfr rfr dfr dfr fra fra rfs rfs frö frö
4   irf irf gfr gfr frg frg fgr fgr dfr fra rfs frö irf frg fgr
5   frei frei frei frage frage frage darf darf darf freies darf↵

2.6.3 Festigung

6   dir dir dir dar dar dar ihr ihr ihr dir dar ihr dar dir ihr
7   rief rief rief drei drei drei höre höre höre rief drei höre
8   hier hier hier karg karg karg hier karg rief drei höre karg↵

2.6.4 Erarbeitung des u

9   ju ju uj uj juj juj uju uju kju kju jul jul ujk ujk jud jud
10   uja uja jug jug ruj ruj hju hju jhu jhu juh juh hju jhu juh
11   kau kau kau leu leu leu auf auf auf aus aus aus auf aus auf↵

2.6.5 Festigung

12   rufe rufe rufe klug klug klug euer euer euer rufe klug euer
13   grau grau grau rauh rauh rauh fuhr fuhr fuhr grau rauh fuhr
14   rufe klug euer grau rauh fuhr rufe klug euer grau rauh fuhr↵

2.6.6 Lernkontrolle

15   sehr faul, sehr klar, sehr sauer, sehr ruhig, sie gehe aus,
16   sei ruhig, sie sei ruhig, er sei sehr ruhig, rufe es leise,
17   ruhe aus, er ruhe aus, sie höre es hier, hier sei es ruhig,↵

18   kaufe dies, er kaufe dies, er kaufe es ihr, sie kaufe dies,
19   lege es auf, er lege es auf, er lege es her, lege dies her,
20   er lieh es, er lieh es ihr, sehr ruhig, sie sei sehr ruhig,

2.6.7 Sofortkorrekturen durch Einfügungen

● Einfügungen werden durch das Zeichen ⌐ gekennzeichnet.

● Für Einfügungen ist der Einfügemodus einzustellen. Der Cursor wird an die Stelle geführt, an der die Einfügung vorzunehmen ist. Wird das einzufügende Wort geschrieben, verschiebt sich der Text nach rechts. Der Zeilenumbruch geschieht automatisch. Bei bestimmten Textverarbeitungsprogrammen ist der Text aber neu zu formatieren.

2.6.8 Aufgaben

a) Korrigieren Sie die Schreibfehler der vorstehenden Übungen.

b) Schreiben Sie die folgenden Zeilen in der ursprünglichen Fassung ab. Nehmen Sie die Einfügungen erst vor, nachdem Sie alle Zeilen geschrieben haben.

21   er fuhr sie, er kaufe es, ⌐lege es auf, sie rufe es leise,
22   sehr ruhig, sie rufe es⌐ er lieh es ihr, sie sei ruhiger,
23   lege es auf, er höre es, ⌐gehe aus, er kaufe⌐ sie lege es,

⌐sie
⌐leise
⌐er ⌐es

2.7.1 Wiederholung

Zeile 1 kaufe, laufe, sauge, sauer, graue, rufe, eure, ruhe, höre,
2 er höre, gehe aus, rufe es aus, leider sauer, gerade hier,↵

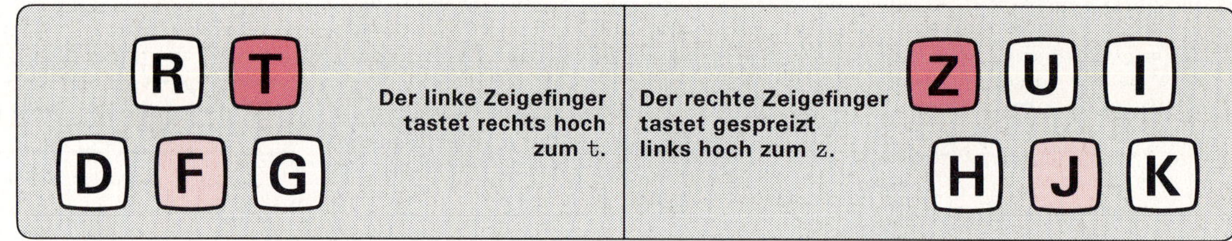

2.7.2 Erarbeitung des t

3 ft ft tf tf ftf ftf tft tft dft dft fta fta tfs tfs ftö ftö
4 ift ift tfr tfr ftr ftr gft gft fgt fgt dft fta tfr ftr gft
5 kauft kauft kauft lauft lauft lauft kauft lauft kauft lauft↵

2.7.3 Sofortkorrekturen

● Verstellte Wörter werden durch ⌐⌐ gekennzeichnet.

2.7.4 Festigung

6 tief tief tief seit seit seit geht geht geht tief seit geht
7 traf traf traf irrt irrt irrt legt legt legt traf irrt legt
8 hielt hielt steht steht liegt liegt hielt steht liegt hielt↵

2.7.5 Erarbeitung des z

9 jz jz zj zj jzj jzj zjz zjz kjz kjz jzö jzö zja zja jze jze
10 jzt jzt ujz ujz zju zju juz juz zuj zuj hjz hjz zjh zjh zuj
11 zu zu zu zur zur zur zufiel zufiel zugeht zugeht dazu dazu,↵

2.7.6 Festigung

12 zahle zahle zahle ziehe ziehe ziehe heize heize heize zahlt
13 zeitig zeitig zeitig letzte letzte letzte zögert zögert zur
14 zahle ziehe heize zeitig letzte zögert zahle letzte zögerte↵

2.7.7 Lernkontrolle

15 er zeigt, er zeigt, er zeigte es, sie zögerte, sie zögerte,
16 erst jetzt, fast zerstört, zuerst gehört, sie sagte es ihr,
17 zuerst gezögert, es sagte ihr zu, sie hat alles ausgeteilt,↵

18 sie zahlte heute, er zögerte zuerst, sie hatte es zerstört,
19 er riet ihr dazu, sie hat es gehört, er erledigte es jetzt,
20 er startet heute, sie teilte es auf, sie zahlte erst heute,

2.7.8 Aufgaben

a) Korrigieren Sie die Schreibfehler der vorstehenden Übungen. b) Schreiben Sie die folgenden Zeilen in der ursprünglichen Fassung ab. Korrigieren Sie erst, wenn Sie alle Zeilen geschrieben haben.

21 er zahlt es aus, du hast es gehört, sie hat es ihr gezeigt,   ⌐ gezögert
22 er teilt es aus, sie legte es dazu, er hörte es erst heute,   ⌐ sie | ⅍ ⌐ ⅍
23 es ist erledigt, du hast es gesagt, er zeigte es ihr jetzt,↵ ⌐ legt | ⅍

24 sie hielt es fest, du zeigst es ihr, er erfuhr alles heute,   ⌐ er ⌐⌐
25 er stellte es her, sie teilt es aus, sie zerlegte es jetzt,   ⌐ auf | ⅍
26 sie sah es zuerst, er kaufte es ihr, er sagt es sehr ruhig,   ⌐ laut

2.8.1 Wiederholung

Zeile 1 gut geteilt, fast zerstört, es trifft zu, steht zeitig auf,
2 zuerst gezögert, es sagte ihr zu, er hat alles aufgestellt,↵

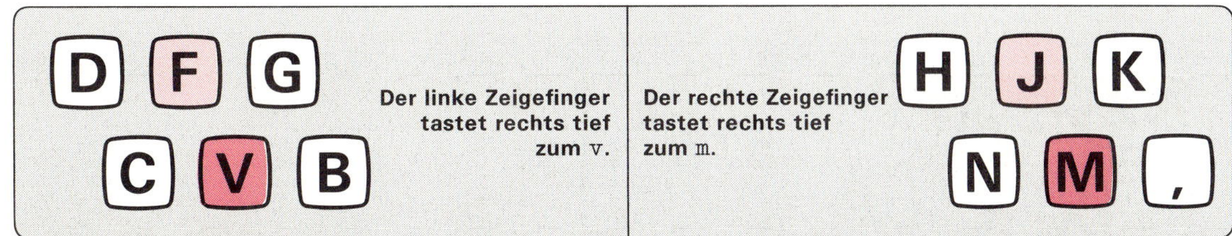

2.8.2 Erarbeitung des v

3 fv fv vf vf fvf fvf vfv vfv dfv dfv fva fva vfl vfl ivf ivf
4 viel viel vieles aktiv aktiv aktives völlig völlig völliges
5 verlade verlade verziehe verziehe verreise verreise versagt↵

2.8.3 Festigung

6 verlege versage versteht versteht versetzt versetzt verlegt
7 verrate verrate vertraue vertraue vertrete vertrete verriet
8 verlief verlegt verfasse verzieht verreist vertraut vergeht↵

2.8.4 Erarbeitung des m

9 jm jm mj mj jmj jmj mjm mjm kjm kjm jmö jmö mja mja emj emj
10 jujm jujm jum jum jmu jmu um um hjm hjm jhm jhm ahm ehm ehm
11 mag mag mag kam kam kam mit mit mit mag kam mit mag kam mit↵

2.8.5 Festigung

12 malt malt malt mehr mehr mehr kaum kaum kaum malt mehr kaum
13 allem allem immer immer damit damit allem immer damit immer
14 mag kam mit malt mehr kaum allem immer damit kaum immer mag↵

2.8.6 Lernkontrolle

15 sehr vage, sehr vage, völlig leer, völlig leer, immer mehr,
16 immer mehr, völlig ruhig, immer völlig ruhig, vertraue ihm,
17 vertraue ihm, verzeihe ihm, verzeihe ihm, sie geht mit ihm,↵

18 darum merkte er es, diesmal völlig leer, er hat es gemerkt,
19 sie verriet es ihm, sie ist immer aktiv, vieles mitgeteilt,
20 darum meldet er es, er vermied es immer, er verreist jetzt,

2.8.7 Vertikales Rollen

● Mit den Cursortasten kann der Text zeilenweise nach oben oder unten verschoben werden. Der obere oder untere Teil des Textes ist dann nicht mehr auf dem Bildschirm sichtbar. Am Textanfang bewegt sich der Cursor nicht weiter. Es ist auch möglich, die Bildschirmseiten mit Texten „durchzublättern".

2.8.8 Aufgabe

Rollen Sie mit den entsprechenden Funktionstasten den Text zuerst nach oben und anschließend nach unten.

2.8.9 Sofortkorrekturen

a) Korrigieren Sie die Schreibfehler der vorstehenden Übungen. b) Schreiben Sie die folgenden Zeilen in der ursprünglichen Fassung ab. Korrigieren Sie erst, wenn Sie alle Zeilen geschrieben haben.

21 sie verriet es ihm, er verreiste heute, vertraue ihm immer,
22 er verkauft es ihr, sie sagte es immer, sie hat es gemerkt,
23 du hast es verlegt, er verlud es jetzt, er verteilte alles,↵

24 verleihe es heute, er versteht es gut, er kam immer zu ihr,
25 sie kam immer mit, darum verlud er es, du hast es verkauft,
26 darum verreist er, teilt es jetzt auf, er verstellt es ihm,

2.9.1   Wiederholung

Zeile 1 vieles vierte völlig immer damit allem malte versteht melde
2 jetzt verreist, alles mitgeteilt, verzeihe ihm, immer mehr,↵

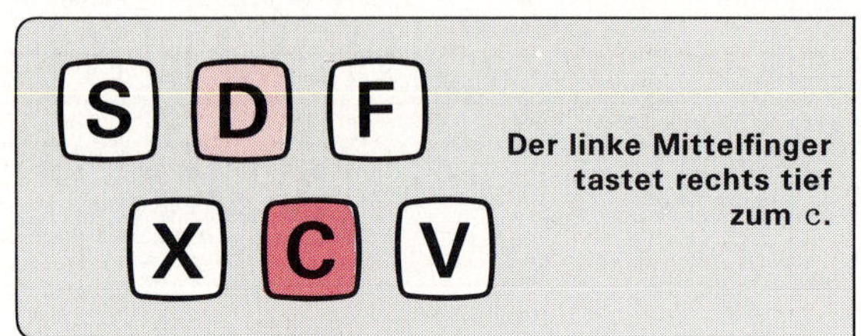

2.9.2   Erarbeitung

3 dc dc cd cd dcd dcd cdc cdc fdc fdc dca dca cdö cdö icd icd
4 ack ack uck uck ick ick edc edc dce dce dec dec eck eck eck
5 ach ach ach ich ich ich auch auch auch ach ich auch ach ich↵

2.9.3   Festigung

6 macht macht macht recht recht recht schmale schmale schmale
7 gedruckt versuche zugleich mögliche herrlich sachlich scheu
8 sachlich herrlich mögliche gedruckt zugleich versuche echte↵

2.9.4   Lernkontrolle

9 laut gelacht, laut gelacht, leicht möglich, leicht möglich,
10 sie versuchte es, sie versuchte es, rechtzeitig mitgeteilt,
11 rechtzeitig mitgeteilt, sicher geschafft, sicher geschafft,↵

12 macht gleich mit, macht gleich mit, schriftlich mitgeteilt,
13 rechtzeitig gedruckt, schlecht gedruckt, dich auch gesucht,
14 er suchte, sehr schade, vergleiche es, immer sehr sachlich,↵

15 sie scheute sich, vielleicht richtig, mehrfach ausgedruckt,
16 er versicherte es, höchst seltsam, sie hat auch mitgemacht,
17 sich damit vertraut gemacht, sie hat alles sicher erreicht,↵

18 sie ermöglichte es ihm auch, vielleicht ist es ihm möglich,
19 alles recht deutlich gesagt, sie diskutierte sehr sachlich,
20 sie hatte sehr laut gelacht, er sicherte es rechtzeitig zu,

2.9.5   Sofortkorrekturen

a) Korrigieren Sie die Schreibfehler der vorstehenden Übungen. b) Schreiben Sie die folgenden Zeilen in der ursprünglichen Fassung ab. Berichtigen Sie die Schreibfehler sofort. Führen Sie die eingezeichneten Korrekturen aus, nachdem Sie alle Zeilen geschrieben haben.

21 zugleich möglich, gleich ermöglicht, sicher gleich möglich,
22 vertraut gemacht, immer sehr sicher, ~~immer~~ richtig gesucht,   ⊢ sicher
23 leichter möglich, ~~sicher~~ mitgemacht, vielleicht ermöglicht,↵   ⊢ immer

24 ~~er~~ macht es auch, leichter erreicht, sachlicher diskutiert,   ⊢ sie |te
25 sicher geschadet, deutlich gedruckt, ~~rechtzeitig~~ geschafft, |her ⊢ jetzt auch
26 immer mitgemacht, darauf aufmerksam, sie sagte es deutlich,

2.9.6   Aufgaben zur Wiederholung

a) Steuern Sie mit dem Cursor von unten nach oben die grau gekennzeichneten Positionen an. b) Springen Sie mit dem Cursor an den Textanfang und an das Textende. c) Rollen Sie den Bildschirm von unten nach oben durch.

                                                                                         702914

2.10 Spreizgriffe in die Unterreihe: b und n; Speichern und Laden

2.10.1 Wiederholung

Zeile 1 recht fröhlich, mich gesucht, sehr geschadet, laut gelacht,
2 rechtzeitig mitgeteilt, sie versicherte es, immer sachlich,↵

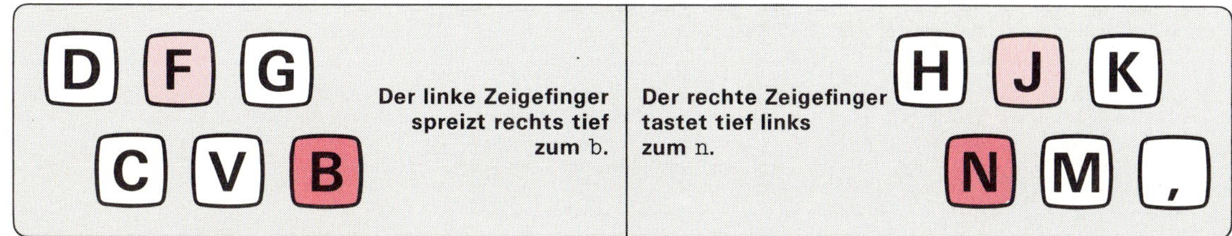

2.10.2 Erarbeitung des b

3 fb fb bf bf fbf fbf bfb bfb dfb dfb fba fba bfu bfu ibf ibf
4 vfb vfb bfv bfv bvf bvf bfr bfr fbr fbr tfb tfb fbt fbt fbt
5 bis bis bis bald bald bald habe habe habe bis bald habe bis↵

2.10.3 Festigung

6 bilde bilde bitte bitte beide beide blieb blieb beste beste
7 bekam bestellt besteht bezieht besuchte begleicht beachtete
8 breit breit bricht bricht liebt liebt bleibt bleibt brachte↵

2.10.4 Erarbeitung des n

9 jn jn nj nj jnj jnj njn njn kjn kjn jnö jnö nja nja enj enj
10 mjn mjn njm njm hjn hjn jhn jhn ujn ujn jun jun jnu jnu jnz
11 nah nah nah den den den man man man nah den man nah den man↵

2.10.5 Festigung

12 nach nach fand fand sind sind kein kein nach fand sind sein
13 ihn ihn mahnt mahnt und und nur nur rund rund ganz ganz nur
14 nah den man nach fand sind sein ihn mahnt und nur rund ganz↵

2.10.6 Lernkontrolle

15 lang und breit, deutlich abgebildet, nicht bestehen können,
16 genau arbeiten, alles bezahlt haben, nichts damit anfangen,
17 nicht bestellt, rechtzeitig benannt, genau arbeiten können,↵

18 jetzt berichten, ihn darum bitten, sehr schnell angefangen,
19 alles angesehen, mit uns arbeiten, alles begleichen können,
20 nicht gebraucht, genau abgebildet, selbst danach gehandelt,

2.10.7 Speichern und Laden

● **Speichern.** Der Hauptspeicher dient zur vorübergehenden Speicherung von Betriebssystemen, Programmen und Daten/Texten. Zur dauerhaften Speicherung werden die Informationen meistens auf Disketten oder Magnetplatten übertragen.

● **Laden.** Vor dem Arbeitsgang werden Betriebssysteme, Programme und Daten/Texte in den Hauptspeicher kopiert. Dieser Vorgang wird auf dem Bildschirm angezeigt. Nachdem die „Verarbeitung" in der Zentraleinheit abgeschlossen ist, werden die neuen Daten/Texte wiederum auf einen externen Speicher übertragen.

2.10.8 Aufgaben

a) Korrigieren Sie die Schreibfehler der vorstehenden Übungen. b) Speichern Sie die Übungen unter bn.

2.11 Linke SHIFT-Taste; Drucken von Texten

2.11.1 Wiederholung

Zeile 1 jetzt berichten, mit uns arbeiten, selbst danach gehandelt,
2 nicht gebraucht, ihn darum bitten, sehr schnell angefangen,↵

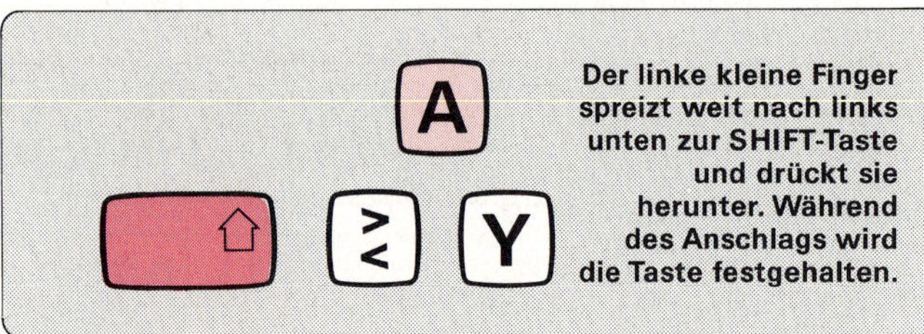

2.11.2 Erarbeitung

3 Ja Ja Ja Ja Ja Ja, Jahr Jahr Jahr Jahr Jagd Jagd Jagd Jagd,
4 Ka Ka Ka Ka Ka Ka, Kalk Kalk Kalk Kalk Karl Karl Karl Karl,
5 La La La Öa Öa Öa, Land Land Land Land Öfen Öfen Öfen Öfen,↵

2.11.3 Festigung

6 ein Jahr, die Jagd, die Jahre, auf der Jagd, mehrere Jahre,
7 der Kalk, ein Kahn, die Karte, das Kabel, eine Karte lesen,
8 das Land, der Lack, diese Lage, die Ösen, die Öfen gekauft,↵

9 Junge Junge Kind Kind Leute Leute Haus Haus Hand Hand Idee,
10 Ufer Ufer Zahl Zahl Mann Mann Macht Macht Name Name Nummer,
11 das Ufer, die Zeit, der Mann, seine Nase, den Namen nennen,↵

2.11.4 Lernkontrolle

12 der Junge, in dem Kreis, kein Interesse, in diesen Klassen,
13 die Karte, in der Masse, in der Zukunft, in letzter Minute,
14 sein Ziel, in der Natur, in der Zeitung, das neue Material,↵

15 die Kraft, viele Kinder, in keinem Land, eine gute Haltung,
16 die Mitte, diese Muster, geringe Zinsen, das kleine Zimmer,
17 der Kunde, viel Nahrung, ihre Zeichnung, gegen das Unrecht,↵

18 die Hefte in der Hand halten, auch diesen Umstand beachten,
19 neue Mitarbeiter eingestellt, unser Urlaub im Mai und Juni,
20 Unternehmen in Mainz besucht, den Kaufvertrag durchgelesen,↵

2.11.5 Drucken von Texten

● Texte können auf *Einzelblättern* oder auf *Endlospapier* ausgedruckt werden. Beim Einspannen von Einzelblättern kann der *Formularvorschub* verwendet werden. Vor dem Druckvorgang ist zu überprüfen, ob sich Papier im Drucker befindet und ob der Drucker für den Druckvorgang bereit ist. Zum Drucken von Texten ist der Druckbefehl einzugeben.

● Während des Druckens kann das Druckprogramm angehalten werden. Der Druck kann anschließend fortgesetzt oder abgebrochen werden. An bestimmten Textsystemen ist es auch möglich, zeitversetzt oder „im Hintergrund" zu drucken.

● Den Bildschirminhalt kann man auch direkt ausdrucken.

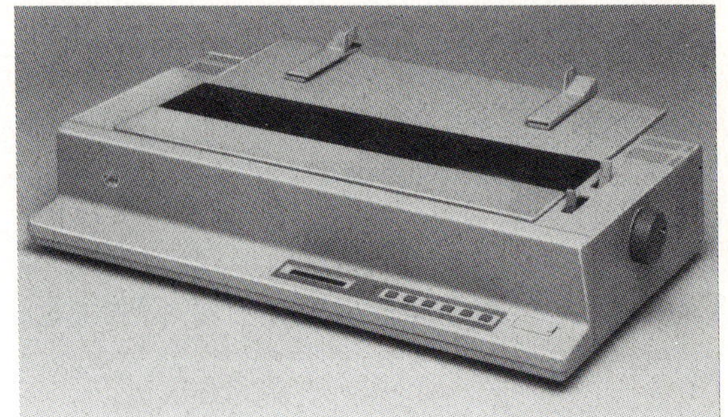

2.11.6 Aufgaben

a) Korrigieren Sie die Schreibfehler der vorstehenden Übungen.

b) Speichern Sie die Übungen unter dem Dateinamen Ja.

c) Drucken Sie die Übungen aus.

2.12 Griff in die Unterreihe: Punkt; Drucker

2.12.1 Wiederholung

Zeile 1 Jahr Jacht Kabel Karte Lage Leute Öfen Hand Ufer Zeit Idee,
2 sein Ziel, in der Masse, geringe Zinsen, in letzter Minute,↵

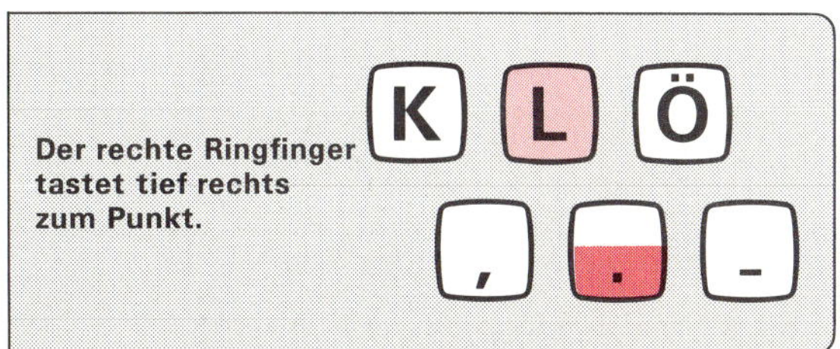

2.12.2 Erarbeitung

3 l. l. .l .l l.l l.l .l. .l. kl. kl. l.ö l.ö .la .la el. el.
4 viel. viel. viel. teil. teil. teil. hell. hell. hell. viel.
5 aus. hat. ist. bei. ein. auf. uns. hat. ist. ein. aus. bei.↵

2.12.3 Festigung

6 gerecht. gelesen. vermerkt. versucht. gerechnet. beseitigt.
7 gemahnt. gehören. geachtet. geöffnet. unachtsam. ungelesen.
8 gekannt. verlegt. gefunden. erreicht. errechnen. ungerecht.↵

9 Kurt nimmt teil. Ina erriet die Zahl. Jutta kann sehr viel.
10 Klaus macht mit. Manfred schrieb ihm. Martin bedankte sich.
11 Helmut kam auch. Ingrid besuchte uns. Ute kam leider nicht.↵

2.12.4 Lernkontrolle

Anschläge je Zeile

12 Unser Unternehmen hat nun alle Muster rechtzeitig erhalten. 63
13 Nun benötigt der Hersteller dringend einige neue Maschinen. 63
14 In der Nebenstelle können sich alle Interessenten anmelden.↵ 63
(189)

15 Hildegard zeigte dem Lehrer dieses Land auch auf der Karte. 62
16 Heinz Neumann traf am Nachmittag in seiner Heimatstadt ein. 64
17 Heinrich Lehmann, einer der Mitinhaber, fuhr nach Mannheim.↵ 64
(190)

18 Michael Krause, unser neuer Mitarbeiter, verhandelte jetzt. 63
19 Manuela fuhr erst einmal in die Innenstadt, um einzukaufen. 62
20 Herr Zinser lehnte es entschieden ab, darauf zu verzichten. 62
(187)

21 In dem Unternehmen arbeiten alle Mitarbeiter auch samstags. 63
22 Heute trafen die bestellten Hemden, Jacken und Kleider ein. 64
23 Ina las den Leserbrief ihres Klassenlehrers in der Zeitung. 64
(191)

2.12.5 Zeichenerzeugung bei Druckern: Mechanisches Matrixdruckwerk

● Nach Art des Zeichenabdrucks kann zwischen Zeichen-, Zeilen- und Seitendruckern unterschieden werden. Zu den Zeichendruckern zählen Typenraddrucker, mechanische Matrixdrucker, Tintenstrahldrucker und Thermodrucker.

● Bei den Zeichendruckern bewegt sich das Druckwerk vor dem Papier von links nach rechts (a). Schnelle Zeichendrucker drucken die Zeichen zeilenweise vorwärts und rückwärts. (b).

a) 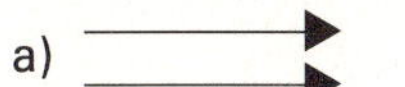 b) 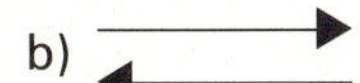

● Bei mechanischen Matrixdruckern werden die Zeichen durch Nadeln aus einem Grundraster zusammengesetzt, wobei die Drucknadeln entsprechend dem Grundraster geführt werden.

2.13.1 Wiederholung

Zeile 1 Ute fand es. Kurt verzichtet darauf. Karin las die Zeitung.
2 Ina hört es. Maria berichtete jetzt. Heinz nahm die Karten.↵

2.13.2 Erarbeitung

3 Fö Fö Fö Fö Fö Fö, Föhr Föhr Föhr Föhr Föhn Föhn Föhn Föhn,
4 Dö Dö Dö Dö Dö Dö, Ding Ding Ding Ding Dank Dank Dank Dank,
5 Sö Sö Sö Aö Aö Aö, Söhne Söhne Söhne Söhne Art Art Art Art,↵

2.13.3 Festigung

6 auf Föhr, der Föhn, diese Dörfer, viele Dinge, besten Dank,
7 seine Söhne, aus unserer Sicht, auf beiden Seiten, ein Amt,
8 ihre Söhne, die gute Sicht, auf diese Art, an diesem Abend,↵

9 Firma Firma Dauer Dauer Stadt Stadt Anteil Anteil Glas Glas
10 Teile Teile Vater Vater Chile Chile Briefe Briefe Band Band
11 mit Eifer, die Reihen, auf dem Tisch, der Vater, der Brief.↵

2.13.4 Lernkontrolle

Anschläge je Zeile

12 In einer Stunde diktierte unser Sachbearbeiter alle Briefe. 64
13 Bereits im Februar lieferte die Firma Beckmann neue Tische. 65
14 Die neue Regierung trifft die Entscheidung erst am Freitag.↵ 64
(193)

15 Der Chef beabsichtigt nun, auch Auszubildende einzustellen. 63
16 Der Auszubildende erkundigte sich nach seinem Dienstbeginn. 63
17 Am Freitag besucht der Auszubildende auch die Berufsschule.↵ 64
(190)

18 Christiane zeigte dem Ausbilder am Mittag das Berichtsheft. 63
19 Die Auszubildenden machen sich mit ihren Aufgaben vertraut. 63
20 Mit Recht stellt der Vertriebsleiter die Leistungen heraus.↵ 64
(190)

2.13.5 Sofortkorrekturen

a) Korrigieren Sie die Schreibfehler der vorstehenden Übungen. b) Schreiben Sie die folgenden Sätze in der ursprünglichen Fassung ab. Führen Sie die gekennzeichneten Korrekturen erst aus, nachdem Sie alle Zeilen geschrieben haben. c) Speichern Sie die Übungen unter Umsch. *Drucken Sie die Übungen aus.*

21 Der ~~Mit~~arbeiter hat ~~diesen~~ Brief erst am Dienstag erhalten. ⊢ Sachbe ⊢ den
22 Die bestellten ~~Schreibt~~ische sind zur Zeit⌐nicht lieferbar. ⊢ T ⌐ leider
23 Erst Mitte ~~Februar~~ ist ~~aber~~ mit einer⌐Lieferung zu rechnen.↵ ⊢ Januar ⊢ʒ ⌐ neuen

24 Besuchen Sie bitte ~~unsere~~ Kunden in Bielefeld und ~~Duisburg~~. ⊢ die neuen ⊢ Essen
25 Die Bestellung der Firma ~~Eberhard~~ traf gestern bei uns ein. ⊢ Hartmann
26 Am ~~Freitag~~ ist mit der Auslieferung ~~aller~~ Teile zu rechnen.↵ ⊢ Dienstag ⊢ des/es

27 Ein Betrieb in der Kleinen Gasse stellt auch ~~Maschinen~~ her. ⊢ Disketten
28 Die Einzelteile der Drucker ~~fertigt~~ ein anderer Betrieb ~~an~~. ⊢ stellt ⊢ her
29 Firma Kleinmann verkauft ~~aber~~ nur⌐bestimmte Zubehörartikel. ⊢ʒ ⌐ ganz

2.14.1 Wiederholung

Zeile 1 auf die Dauer, keinen Grund haben, in der Stadt, der Brief,
2 auf dem Tisch, die langen Reihen, genaue Belege, der Vater.↵

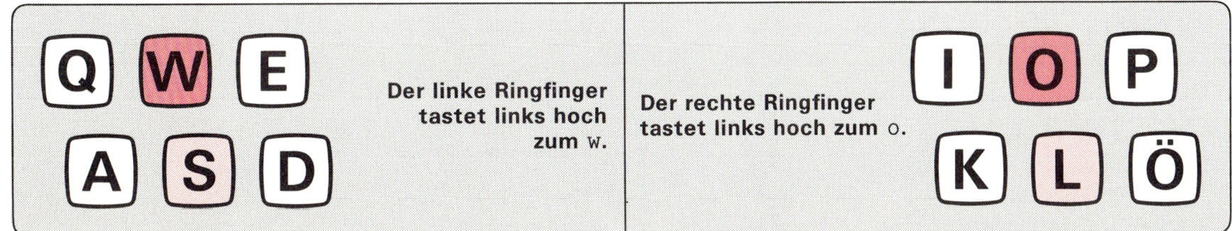

2.14.2 Erarbeitung des w

3 sw sw ws ws sws sws wsw wsw dsw dsw swa swa wsi wsi uws uws
4 wie wie wie was was was wir wir wir wie was wir was wir wie
5 war war wem wem weg weg wen wen war weg wem wen war wem weg↵

2.14.3 Festigung

6 will will wird wird wann wann weit weit will wird wann weit
7 weiter weiter wenig wenig wurde wurde zwei zwei zwang zwang
8 gewesen zwischen schwache schwimmen beschweren geschwiegen,↵

2.14.4 Erarbeitung des o

9 lo lo ol ol lol lol olo olo jlo jlo lok lok old old sol sol
10 soll soll soll voll voll voll lobe lobe lobe soll voll lobe
11 oder oder oder oben oben oben doch doch doch oder oben doch↵

2.14.5 Festigung

12 woher woher wollen wollen worden worden solche solche wohin
13 die Kosten, unser Volk, am Boden, am Morgen, in guter Form,
14 beste Sorten, diese Stoffe bestellt, Montag und Donnerstag.↵

2.14.6 Lernkontrolle

Anschläge je Zeile

15 Die Waren aus dem Werk in Hannover sind schon eingetroffen. 64
16 Der bestellte Wein ist gestern nachmittag abgesandt worden. 63
17 In einer Zweigniederlassung wurde noch am Abend gearbeitet.↵ 63
(190)

18 Mit der Werbung wollen wir in den kleineren Orten beginnen. 63
19 Die modernen Sommerstoffe sind schon heute versandt worden. 62
20 Der neue Werksleiter behandelt die Information vertraulich.↵ 63
(188)

2.14.7 Sofortkorrekturen

a) Korrigieren Sie die Schreibfehler der vorstehenden Übungen. b) Schreiben Sie die folgenden Sätze in der ursprünglichen Fassung ab. Berichtigen Sie die Schreibfehler sofort. c) Führen Sie die gekennzeichneten Korrekturen erst aus, wenn Sie alle Zeilen geschrieben haben. d) Speichern Sie die Übungen unter WO. Drucken Sie die Übungen aus.

21 Die Waren trafen gestern in unserem Zweigwerk in ~~Herne~~ ein.   ⊢ Essen
22 Unser Vertreter kommt morgen ⌐zu Ihnen ~~direkt~~ nach Dortmund.   ⌐sofort ⊢↲
23 Er möchte Ihnen dann ~~auch~~ unser neues Sortiment vorstellen.↵⊢gern

24 Alle Kunden erwarten ~~schon~~ die Muster der neuen Kollektion.   ⊢jetzt
25 Wenn Sie ~~jetzt~~ bestellen, werden ~~wir~~ Sie ⌐schnell be~~liefern~~.   ⊢sofort ⊢↲ ⌐auch ⊢dient
26 Die Nachfrage nach ~~diesen Wollstoffen~~ stieg noch weiter an.↵ ⊢den Sommerkleidern

27 Informieren Sie uns, welche ~~Sorten~~ unsere Kunden verlangen.   ⊢ Muster
28 Ein Kunde fragt, ob Sie auch noch ~~weitere~~ Modelle anbieten. |te ⊢neuere
29 Weitere Modelle gehören aber ~~noch~~ nicht ⌐zu unserem Angebot.   ⊢↲ ⌐mehr

2.15.1 Wiederholung

Zeile 1 bis Oktober, abladen sollen, heute oder morgen, ohne Worte,
2 im Winter, in der Wohnung, dieses Werk, die kommende Woche.↵

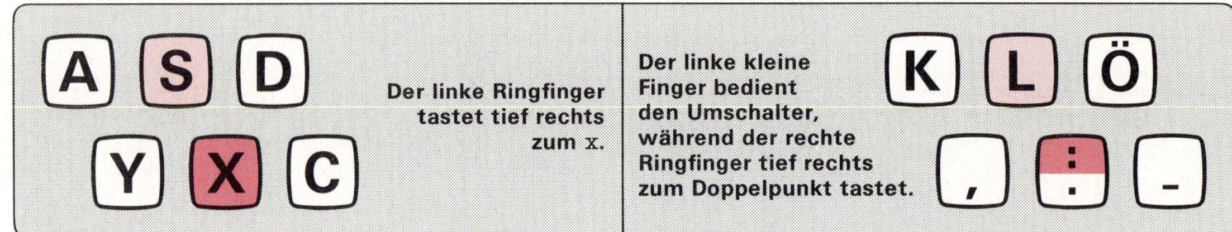

2.15.2 Erarbeitung des x

3 sx sx xs xs sxs sxs xsx xsx dsx dsx sxa sxa xsö xsö ixs ixs
4 fix fix fix lax lax lax mixt mixt mixt fix lax mixt lax fix
5 exakt exakt exakt extra extra extra extreme extreme extreme↵

2.15.3 Festigung

6 ihre exakte Schrift, extreme Bedingungen, extra neu gemixt,
7 nicht existieren, die Existenz bedroht, das Examen ablegen,
8 im Exil leben, nach Mexiko reisen, im Lexikon nachschlagen,↵

2.15.4 Erarbeitung des Doppelpunktes

9 l: l: :l :l l:l l:l :l: :l: kl: kl: l:ö l:ö :la :la el: el:
10 Name: Jahn, Vorname: Monika, Geburtsort: Essen, Name: Rose.
11 Unterricht am Mittwoch: Kurzschrift und Maschinenschreiben.↵

2.15.5 Festigung

12 Verben: sagen, kommen, geben, finden, sehen, mögen, halten.
13 Substantive: Herr, Zeit, Jahr, Recht, Leben, Mann, Schritt.
14 Adjektive: schlecht, ruhig, nieder, schwarz, dunkel, breit.↵

2.15.6 Lernkontrolle

Anschläge je Zeile

15 Alexander und Max werden gemeinsam im Lexikon nachschlagen. 63
16 Gestern abend ist Max mit dem Autobus nach Xanten gefahren. 64
17 Die Textilwaren wurden am Donnerstag nach Cuxhaven gesandt.↵ 64
(191)

18 In dieser Region ist die Existenz einiger Betriebe bedroht. 64
19 Als Auszeichnungen sind vorgesehen: Medaillen und Urkunden. 65
20 An der Konferenz nehmen teil: Beatrix und Alexandra Winter. 66
(195)

2.15.7 Zeichenerzeugung bei Druckern: Tintenstrahldruck und Laserdruck

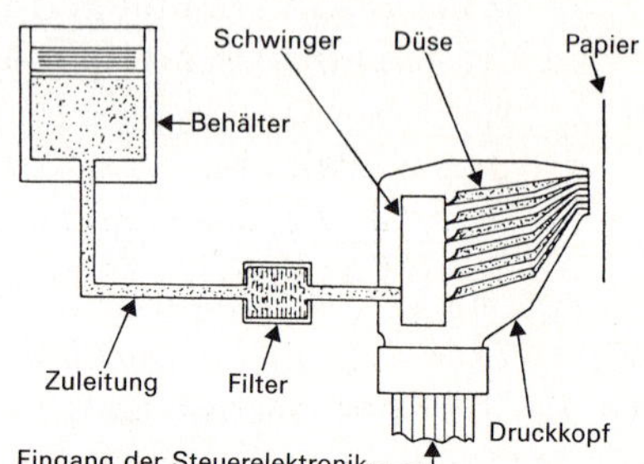

● **Tintenstrahldrucker** erzeugen die Schriftzeichen mit Farbflüssigkeit, die aus Tintenbehältern zur Druckstelle gepumpt und durch feine Düsen auf das Papier übertragen wird.

● Der Druckvorgang beim **Laserdruck** (elektrofotografisches Verfahren) ist mit dem elektrostatischen Kopierverfahren vergleichbar. Ein Zwischen-bildträger wird an bestimmten Stellen durch Laserstrahlen entladen. Durch Toner (Farbflüssigkeit oder -pulver) wird die Schrift sichtbar. Der Zeichenabdruck geschieht zeilen- oder seitenweise.

2.15.8 Aufgaben

a) Korrigieren Sie die Schreibfehler der vorstehenden Übungen. b) Speichern Sie die Übungen unter dem Datei-namen Text. *c) Drucken Sie die Übungen aus.*

                    702920

2.16 Griffe in die Oberreihe: q und p; Drucker

2.16.1 Wiederholung

Zeile 1 sehr extrem, die Texte gelesen, Maximalforderungen erheben,
2 die Existenzgrundlagen, Kenntnisse in der Textverarbeitung.↵

2.16.2 Erarbeitung des q

3 aq aq qa qa aqa aqa qaq qaq saq saq aqd aqd qal qal iqa iqa
4 qua qua qua que que que qui qui qui quo quo quo que qui quo
5 quer quer quer quillt quillt quillt qualmen qualmen qualmen↵

2.16.3 Festigung

6 quer quakt quoll quittieren bequem erquicken quer quittiert
7 an der Quelle, bei dem Quiz, die Quittungen unterschreiben,
8 das Quecksilber, die Qualifikation, die bequemen Quartiere.↵

2.16.4 Erarbeitung des p

9 öp öp pö pö öpö öpö pöp pöp löp löp öpk öpk pös pös apö apö
10 per per per pur pur pur paar paar paar per pur paar per pur
11 plant plant pocht pocht spart spart plant pocht spart plant↵

2.16.5 Festigung

12 sparen sparen spielt spielte sprach sprach gespart gespielt
13 probieren probieren empfinden empfinden empfehlen empfehlen
14 die Probe, die Planung, die Köpfe, die Spiele, die Sprache.↵

2.16.6 Lernkontrolle

Anschläge je Zeile

15 Mehrere Sportler haben sich bei dem Wettkampf qualifiziert. 63
16 Das unfaire Spielen wurde mit einem Platzverweis quittiert. 63
17 Alle Parteien wollen nun dieses Problem gemeinsam erörtern.↵ 63
(189)

18 Die Produktion soll im April noch einmal gesteigert werden. 63
19 Ein Sachbearbeiter kann den Empfang der Sendung quittieren. 64
20 In einer Anzeige werden bequeme Sessel preiswert angeboten. 63
(190)

21 Alle Pakete sind von den Postbediensteten abgeladen worden. 63
22 Trotz vieler Proteste hat der Politiker nichts unternommen. 63
23 Der Vertragspartner wurde gebeten, die Quittung vorzulegen. 63
(189)

2.16.7 Zeichenerzeugung bei Druckern: Thermodruckwerk

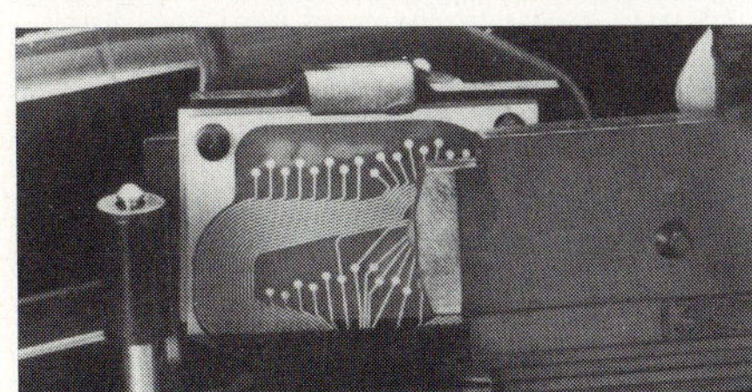

● Thermodrucker arbeiten mit elektronischen Druckelementen, die thermisch übertragbare Tinte eines Spezialfarbbandes aufheizen. Durch aufgeladene Elektroden entstehen die rasterförmigen Zeichen. Bei bestimmten Druckern sind präparierte Papiere mit einer lichtempfindlichen Schicht erforderlich.

2.16.8 Aufgaben

a) Korrigieren Sie die Schreibfehler der vorstehenden Übungen. b) Speichern Sie die Übungen unter qp, und drucken Sie die Übungen aus.

2.17.1 Wiederholung

Zeile 1 genau geplant, empfohlen worden, Platz nehmen, diese Quote,
2 sehr bequem, eine Quittung, mehrere Gruppen, an der Quelle.←

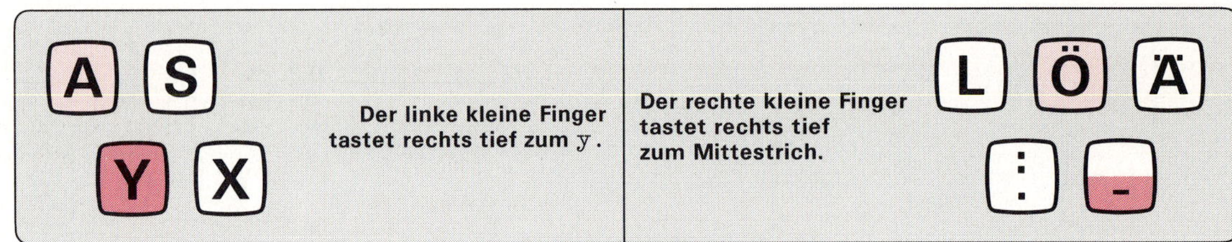

2.17.2 Erarbeitung des y

3 ay ay ya ya aya aya yay yay say say ayd ayd yam yam zya zya
4 loyal loyal anonym anonym dynamisch dynamisch loyal anonyme
5 typisch typisch olympisch olympisch analytische analytische←

2.17.3 Festigung

6 alle Symbole, in die City gefahren, in New York und Boston,
7 keine Sympathie, das Gymnasium besuchen, bei der Olympiade.
8 Von Syrien aus wird der Minister jetzt nach Libyen fliegen.←

2.17.4 Erarbeitung des Mittestrichs

9 ö- ö- -ö -ö ö-ö ö-ö -ö- -ö- ö-k ö-k gö- gö- tö- tö- bö- bö-
10 hö- re, hö- re, le- be, le- ben, ha- ben, ha- ben, et- was,
11 bak- ken, wek- ken, be- ste, ko- sten, ge- stern, lu- stig,←

2.17.5 Anwendung des Mittestrichs

12 auf- und absetzen, Ein- und Ausfuhr, Postein- und -ausgang.
13 Der Festzug beginnt vielleicht auf dem Ludwig-Erhard-Platz.
14 Vor dem Kaiser-Wilhelm-Ring steht ein neues Verkehrsschild.←

Anschläge je Zeile

15 Einige Sportler - so betonte der Sprecher - seien verletzt. 63
16 Der Lastkraftwagen befuhr die Autobahn Frankfurt - Hamburg. 65
17 Das Endspiel Mönchengladbach - Leverkusen ist in Frankfurt.← 65

(193)

2.17.6 Regeln

● Beim Ergänzungsbindestrich folgt ein Leerschritt vor oder hinter dem Mittestrich. Der Bindestrich wird ohne Leerschritte geschrieben.

● Wird der Mittestrich als Gedankenstrich, Streckenstrich oder als Zeichen für „gegen" verwendet, bleibt davor und dahinter ein Leerschritt.

2.17.7 Silbentrennung

● Bei Textverarbeitungsprogrammen nehmen die Computer den Zeilenumbruch am Zeilenende automatisch vor. Der Rand wird bei nachträglichen Einfügungen oder Löschungen ausgeglichen. Um einen solchen Zeilenumbruch auch bei Silbentrennungen nach Korrekturen zu erreichen, ist ein variabler Silbentrennungsstrich erforderlich, der an den Computern unterschiedlich einzugeben ist. An einigen Textverarbeitungsprogrammen wird ein Trennungsvorschlag unterbreitet, der bestätigt oder verändert werden kann.

2.17.8 Aufgaben

a) Korrigieren Sie die Schreibfehler der vorstehenden Übungen. b) Geben Sie den folgenden Text mit variablen Silbentrennungsstrichen ein. Nehmen Sie die Einfügungen und Löschungen erst vor, nachdem der Text vollständig geschrieben wurde. c) Speichern Sie die Übungen unter y. Drucken Sie die Übungen aus.

18 Den neuen Auftrag erteilen wir der Firma Neumeyer in Biele-
19 feld. Das Angebot sagt uns zu. Die Lieferungs- und Zahlungs-
20 bedingungen entsprechen unseren Vorstellungen. Bitte erkun-
21 digen Sie sich, ob die benötigten Stoffe schon bis Donners-
22 tag geliefert werden können. Danach bestellen wir umgehend.

2.18.1 Wiederholung

Zeile 1 eine genaue Analyse, diese Olympiade, physisch beansprucht.
2 Beatrix Mayer wohnt in der Friedrich-Ebert-Allee in Speyer.↵

2.18.2 Erarbeitung

3 öä öä äö äö öäö öäö äöä äöä löä löä öäk öäk häö häö näö näö
4 läge läge läge wäre wäre wäre käme käme käme läge wäre käme
5 hätte hätte fähig fähig wählt wählt fängt fängt hätte fängt↵

2.18.3 Festigung

6 ändern ändern längst längst drängt drängt ständig zuständig
7 hängen hängen zählen zählen zähmen zähmen spätere verspätet
8 die Ähren, dieser Ärger, einige Ärzte, wichtige Änderungen,↵

9 diese Pläne, nicht erwähnt, darauf drängen, die Vorschläge,
10 alle Käufer, die Gespräche, in den Häusern, mehrere Städte,
11 diese Bände, gute Qualität, an den Ständen, in den Ländern.↵

2.18.4 Lernkontrolle

Anschläge je Zeile

12 Einige Mädchen werden sich längere Zeit damit beschäftigen. 63
13 Bärbel schlägt vor, dieses Gespräch demnächst fortzusetzen. 62
14 Auf dem Gelände werden zusätzlich mehrere Stände aufgebaut.↵ 63
(188)

15 Unter diesen Umständen wird die Einspruchsfrist verlängert. 63
16 Selbstverständlich sollen sämtliche Schäden ersetzt werden. 62
17 Dieser Fachhändler eröffnete im März ein weiteres Geschäft.↵ 64
(189)

18 Viele Käufer schätzen die gute Qualität dieser Erzeugnisse. 64
19 Das Geschäft will nur qualifizierte Verkäufer beschäftigen. 63
20 Der Geschäftsinhaber fährt schon am nächsten Dienstag fort. 63
(190)

2.18.5 Farbbänder

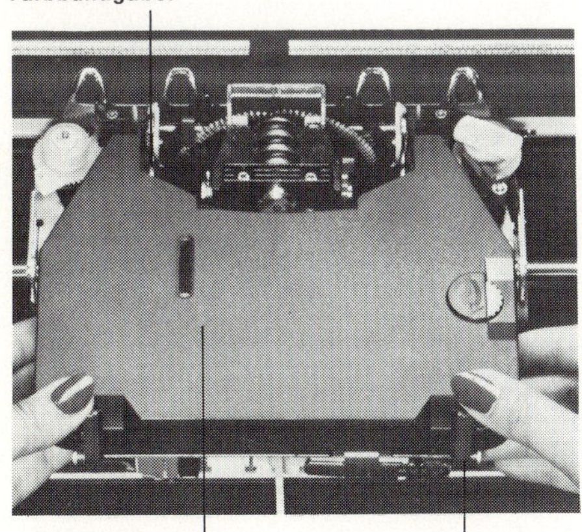
Farbbandgabel
Farbbandkassette Kassettenauswurfhebel

● Nach DIN 2134 (Norm für Farbbänder: Begriffe und Einteilung) wird zwischen Gewebefarbbändern und Schichtenfarbbändern (Karbonfarbbändern) unterschieden. Gewebefarbbänder können aus Baumwolle, Naturseide oder synthetischen Faserstoffen hergestellt sein. In der Praxis haben sich Farbbänder aus Naturseide gut bewährt.

● Bei Schichtenfarbbändern sind Papier- oder Synthetikbänder mit Farbe beschichtet. Einmalkarbon-Farbbänder geben die Farbe vollständig ab. Mehrmals können dagegen Mehrfachkarbon-Farbbänder benutzt werden, weil die Farbe nur teilweise abgegeben wird. Einmalkarbon-Farbbänder erzeugen eine besonders klare Schrift.

● Als Farbbandträger dienen Spulen (für Gewebefarbbänder), die Kassette (für Gewebe- oder Karbonfarbbänder) und die Farbbandschiene.

● Schreibbänder haben eine Breite von bis zu 19 mm, Druckbänder eine Breite bis 220 mm und Farbtücher eine Breite von über 220 mm. Farbtücher sind Endlosfarbträger, die bei Zeilendruckern verwendet werden.

2.18.6 Aufgaben

a) Korrigieren Sie die Schreibfehler der vorstehenden Übungen.
b) Speichern Sie die Übungen unter ae. Drucken Sie die Übungen aus.

2.19 Außenspreizgriff in die Oberreihe: ü; Silbentrennung

2.19.1 Wiederholung

Zeile 1 In der Nähe unseres Geschäfts ereigneten sich zwei Unfälle.
2 Auf dem Ausstellungsgelände wurden einige Stände aufgebaut.↵

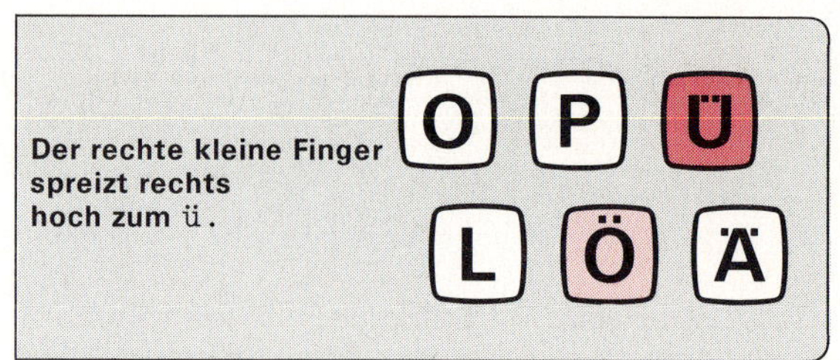

2.19.2 Erarbeitung

3 öü öü üö üö öüö öüö üöü üöü köü köü öüt öüt pöü pöü üöp üöp
4 müö müö öüh öüh nöü nöü nüö nüö öün öün zöü zöü züö züö züö
5 übe übe übe für für für füllt füllt füllt übe für füllt übe↵

2.19.3 Festigung

6 dürft dürft würde würde rückt rückt trübe trübe gütig gütig
7 müssen müssen fühlen fühlen nützen nützen züchten gezüchtet
8 kündigen kündigen genügend genügend wünschen wünschen kühle↵

9 müssen fühlen genützt züchten kündigen gewünscht ungenügend
10 übermütig überfüllen überflüssig rückständige rücksichtslos
11 die Übung, die Übernahme, die Übersetzung, die Überschüsse.↵

2.19.4 Lernkontrolle

Anschläge
je Zeile

12 Auf der Rückfahrt hielt der Bus nur in München und Münster. 65
13 Es genügt doch, die Entscheidung nur mündlich zu begründen. 62
14 In der nächsten Ausgabe wird ausführlich darüber berichtet.↵ 62
(189)

15 Die Ausschüsse prüfen, ob auch die Gebühren anzuheben sind. 63
16 Natürlich werden die Wünsche unserer Kunden berücksichtigt. 63
17 Die Firma Kühne will in Kürze weitere Grundstücke erwerben.↵ 65
(191)

18 Rüdiger berichtete über den Aufenthalt auf der Insel Fünen. 64
19 Jürgen befürchtet einen Stau auf der Autobahn bei Nürnberg. 64
20 Zur Information übersenden wir alle gewünschten Broschüren.↵ 63
(191)

2.19.5 Nachträgliche Silbentrennung

● Die Silbentrennung kann auch nachträglich an einem Text vorgenommen werden. Dazu ist der entsprechende Befehl einzugeben. Der Cursor wird auf den Anfang der Silbe geführt, die in der nächsten Zeile stehen
stehen soll. Ist eine Silbentrennung möglich, springen die Silben vor der Trennung in die vorhergehende Zeile.
Programme unterbreiten auch nachträglich Trennvorschläge.

2.19.6 Aufgaben

*a) Korrigieren Sie die Schreibfehler der vorstehenden Übungen. b) Geben Sie den folgenden Text fortlaufend ein.
Betätigen Sie am Ende eines Abschnittes zweimal die Return-Taste. c) Nehmen Sie die Silbentrennungen erst vor,
nachdem der Text vollständig geschrieben wurde. d) Speichern Sie die Übung unter* ue. *Drucken Sie die Übung aus.*

21 Besten Dank für Ihre Bewerbung. Im Reisebezirk
22 Norddeutschland können wir noch einen weiteren Vertreter |h-
23 beschäftigen. Bevor wir uns endgültig entscheiden, möchten
24 wir Sie persönlich kennenlernen.↵ |n-

25 Bitte besuchen Sie uns im Laufe der nächsten Woche in
26 unserer Hauptverwaltung. Verständigen Sie uns bitte, wenn |e-
27 Sie in der kommenden Woche verhindert sein sollten.

702924

2.20 Griff in die Ziffernreihe: ß; Absatzbildung

2.20.1 **Wiederholung**

Zeile 1 Die Bestellung würden wir auch in kürzester Zeit ausführen.
2 Der Händler bietet täglich frisches Gemüse preisgünstig an.↵

2.20.2 **Erarbeitung**

3 öß öß ßö ßö ößö ößö ßöß ßöß löß löß ößk ößk pöß pöß ßöü ßöü
4 ooß ooß oßö oßö äöß äöß äßö äßö üöß üöß üßö üßö oßö äßö üßö
5 daß daß daß saß saß saß naß naß naß daß saß naß saß daß naß↵

2.20.3 **Festigung**

6 faßt faßt laßt laßt blaß blaß hieß hieß faßt laßt blaß hieß
7 stößt stößt wußte wußte reißt reißt große große bloße bloße
8 gemäß gemäß mäßig mäßig süßes süßes müßte müßte müßig müßig↵

9 stößt wußte reißt große bloße gemäß mäßig süßes müßte müßig
10 der Fleiß, besten Gruß, sehr fleißig, den Entschluß gefaßt,
11 die Späße, viele Grüße, die Äußerung, dieser große Maßstab.↵

2.20.4 **Lernkontrolle**

Anschläge
je Zeile

12 Für das Gießener Werk ist Herr Meßner im Außendienst tätig. 66
13 Er besucht die Kunden regelmäßig und verbucht die Aufträge. 63
14 Bei den Kunden genießt jedoch Herr Reißmann den besten Ruf.↵ 65
(194)

15 Frau Roß besucht die Kunden in einem großen Verkaufsgebiet. 64
16 Die Großhandlung Kißmer will einen Kaufvertrag abschließen. 64
17 Gewiß ist es nicht leicht, einen Kaufvertrag abzuschließen.↵ 62
(190)

18 Jeder Mitarbeiter weiß, daß eine Beratung erforderlich ist. 63
19 Einige Großbetriebe wollen Frau Weiß die Aufträge erteilen. 65
20 Beim letzten Besuch ist ein größeres Faß reklamiert worden.↵ 63
(191)

2.20.5 Nachträgliche Absatzbildung

● Absätze werden durch ⌐ gekennzeichnet. Eine nachträgliche Absatzbildung ist möglich, wenn die entsprechenden Funktionstasten bedient werden. Der Cursor wird dazu an den Anfang des neuen Absatzes geführt. Durch zweimalige Betätigung der Return-Taste entsteht der neue Absatz. Der Text muß unter Umständen neu formatiert werden.

2.20.6 Aufgaben

a) Korrigieren Sie die Schreibfehler der vorstehenden Übungen. b) Geben Sie den folgenden Text ein. Korrigieren Sie die Schreibfehler sofort. c) Führen Sie den Cursor an den Anfang des neuen Absatzes und bedienen Sie die entsprechenden Tasten. d) Nehmen Sie die Silbentrennungen nachträglich vor. e) Speichern und drucken Sie den Text.

21 Die Beanstandung des von uns gelieferten Kopiergerätes
22 können wir nicht anerkennen, weil der Fehler offenbar auf
23 eine unsachgemäße Behandlung zurückzuführen ist. Unser
24 Außendienstmitarbeiter hatte Sie ausdrücklich darauf
25 hingewiesen, daß eine neu einzulegende Papierrolle durch die
26 entsprechende Vorrichtung geführt werden muß. Bei Ihrem
27 Gerät kam es zu einem Papierstau. Bitte haben Sie
28 Verständnis dafür, daß wir für diese Reklamation keine
29 Gewähr übernehmen können.

2.21.1 Anwendung des Mittestrichs

Anschläge je Zeile

Zeile 1 Der Athlet unternahm mehrere Versuche - leider ohne Erfolg.	64
2 Bis dahin hat er - so hörten wir - täglich dafür trainiert.	61
3 Dann aber - nach kurzer Zeit - versuchte er es noch einmal.	62
4 Ein Aufschrei unter den Zuschauern - er hatte es geschafft.	63
5 Der Presse gab er - noch völlig außer Atem - ein Interview.↵	64

(314)

6 Viele Urlauber befuhren die Autobahn Hannover - Oberhausen.	65
7 Der Flug Frankfurt - New York - Los Angeles ist ausgebucht.	67
8 Das Pokalspiel Werder Bremen - Borussia Dortmund fällt aus.	66
9 In Stuttgart ist das Endspiel Mönchengladbach - Düsseldorf.	65
10 Das Spiel Deutschland - Italien ist noch nicht ausverkauft.↵	64

(327)

2.21.2 Abkürzungen mit Punkt

11 Die Veranstaltung findet evtl. im Okt. d. J. in Bonn statt.	65
12 Solche Arbeitsabläufe sind rationell, d. h. man spart Zeit.	62
13 Der Brief wird an die Firma Groß, z. H. Frau Held, gesandt.	67
14 Am Computer können Sie z. B. durch Fettschrift hervorheben.	63
15 Das Unternehmen bietet Schreibmaschinen, Büromöbel usw. an.↵	63

(320)

2.21.3 Abkürzungen ohne Punkt

16 Im HGB sind gesetzliche Bestimmungen über die KG zu finden.	67
17 Die AG und die GmbH zählt man zu den Kapitalgesellschaften.	66
18 Das Verfahren bei Zivilprozessen ist in der ZPO festgelegt.	66
19 Das ZDF berichtet über das Spiel Hamburger SV - VfL Bochum.	71
20 Die Gewichtseinheiten kg und g fehlten auf dem Preisschild.↵	63

(333)

2.21.4 Telefax – ein Dienst der Telekom

Anschl. je Block / Gesamt-anschläge

65	Um Informationen in kürzester Zeit vom Sender zum Empfänger	65
127	übermitteln zu können, bietet die Telekom den Telefaxdienst	127
191	an. In wenigen Sekunden lassen sich Schriftstücke, Skizzen,	191
254	Zeichnungen oder sonstige Informationen mit einer Fernkopie	254
316	originalgetreu vom Sender zum Empfänger schnell übertragen.↵	316
64	Wer die Vorteile des Fernkopierens in Anspruch nehmen will,	380
125	muß über einen Fernkopierer verfügen und an das öffentliche	441
188	Fernsprechnetz angeschlossen sein. Der Fernsprecher ist mit	504
251	dem Fernkopierer direkt verbunden. Die Vorlage ist zunächst	567
313	in den Kopierer einzulegen und die Verbindung herzustellen.↵	629
63	Ist der Fernkopierer eingeschaltet, erfolgt die Übertragung	692
127	der Kopie vom Sender zum Empfänger auf elektronischem Wege.	756
192	Auf dem Gerät des Senders werden die Zeichen der Vorlage in	821
255	elektronische Impulse umgewandelt. Durch einen Schreibstift	884
318	in dem Fernkopierer des Empfängers wird die Kopie sichtbar.↵	947
63	Auch Unternehmen, die kein Fernkopiergerät besitzen, können	1010
126	den Telefaxdienst nutzen. Der Telefaxteilnehmer übermittelt	1073
189	seine Fernkopie in ein nahe gelegenes Postamt. Von dort aus	1136
252	kann nun die Fernkopie als Brief in einem Umschlag oder als	1199
316	Eilzustellung befördert werden. Mit Telefax spart man Zeit.	1262

2.21.5 Regeln

● Ausgesprochene Abkürzungen (z. B., evtl., d. J., usw.) erhalten einen Punkt. Folgen zwei oder mehr Abkürzungen aufeinander, werden sie mit Leerschritt geschrieben.

● Hinter buchstäblich gesprochenen Abkürzungen (z. B. HGB, GmbH) oder amtlichen Abkürzungen (z. B. DM, m, kg) steht kein Punkt.

702926

2.22 Semikolon und Grundstrich; Sperren

2.22.1 Wiederholung

Zeile 1 der Aufsichtsrat einer AG, die Kommanditisten bei einer KG.
2 Das neue Buch - es ist das umfangreichste - findet Anklang.↵

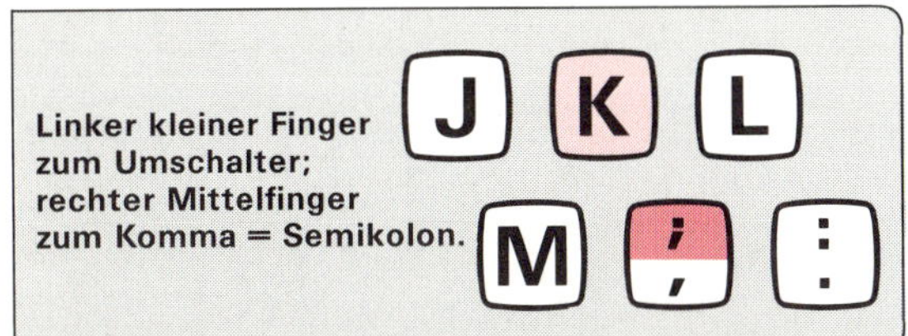

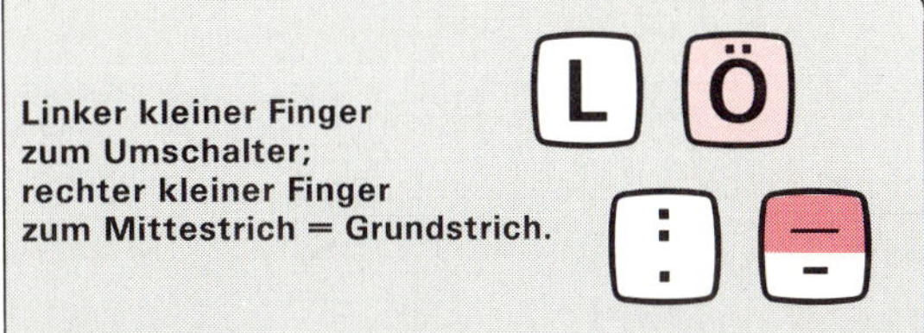

2.22.2 Erarbeitung des Semikolons

3 k;k k;k ;k; ;k; lk; lk; k;a k;a ek; ek; da; da; ab; ab; ab;
4 vor; vor; aus; aus; bei; bei; eine; eine; hier; hier; mehr;
5 mit; auf; wir; ich; war; muß; nach; sehr; kann; ganz; sind;↵

2.22.3 Festigung

6 laut, leise; dick, dünn; eng, breit; nah, fern; früh, spät;
7 alt und neu; kühl und naß; lang und breit; hell und dunkel;
8 bei jung und alt; über kurz oder lang; den kürzeren ziehen.↵

                       Anschläge

9 Die Auskünfte sind erschöpfend; sie werden nun ausgewertet. 63
10 Die Beratung ist am Donnerstag; dazu werden Sie eingeladen. 65
11 Der Großhändler informiert uns; wir erhalten dann die Ware.↵ 64

                        (192)

2.22.4 Erarbeitung des Grundstrichs

12 ö_ö ö_ö _ö_ _ö_ jö_ jö_ ö_v ö_v _öb _öb ö__ a__ e__ i__ o__
13 ein <u>altes</u> Haus; unsere <u>neuen</u> Artikel; diesmal <u>kein</u> Verlust;
14 der <u>junge</u> Mann; nur <u>falsche</u> Aussagen; sein <u>hohes</u> Einkommen.↵

2.22.5 Festigung

15 Firma Schreiber wurde aufgefordert, <u>unverzüglich</u> zu zahlen.
16 Ihr wurde nun <u>bis zum Monatsende</u> eine letzte Frist gesetzt.
17 <u>Verstreicht</u> die Frist, erhält die Firma <u>einen Mahnbescheid.</u>↵

2.22.6 Sperren

18 Die Verkaufsabteilung wird Sie   s o f o r t   informieren.
19 Das Hauptwerk ist nicht in Hannover, sondern in   K i e l.
20 Zu den <u>Hervorhebungsarten</u> gehört auch das   S p e r r e n.↵

2.22.7 Lernkontrolle

Heben Sie in den folgenden Zeilen die wichtigsten Wörter hervor (in den Zeilen
21 und 22 durch Sperren, in den Zeilen 23 bis 25 durch Unterstreichen):

21 Der Vertreterbericht ist leider nicht eingetroffen.
22 Verständigen Sie uns bitte bis nächsten Dienstag.
23 Die Behörde hat um eine ausführliche Stellungnahme gebeten.
24 Alle bestellten Artikel sind noch rechtzeitig eingetroffen.
25 Man sollte stets nur das Wesentliche besonders hervorheben.

2.22.8 Bedienkunde – Regeln

● Textteile können während des Schreibens sofort oder nachträglich unterstrichen werden. Beim nachträglichen Unterstreichen sind die Textteile vorher zu markieren.

● Die Unterstreichung beginnt unter dem ersten und endet unter dem letzten Buchstaben des hervorzuhebenden Wortes. Leerschritte zwischen den Wörtern und Satzzeichen werden mit unterstrichen.

● Beim Sperren wird nach jedem Buchstaben ein Leerschritt gelassen. Vor und nach dem gesperrten Wort bleiben drei Leerschritte. Satzzeichen werden auch hervorgehoben.

2.23 Griffe in die Ziffernreihe: Ziffern 4 und 9

2.23.1 **Wiederholung**

Zeile 1 die Erde, in Eile, die Einlage, die gute Idee, immer dabei.

2 In einigen Tagen kommen wir auf diese Angelegenheit zurück.↵

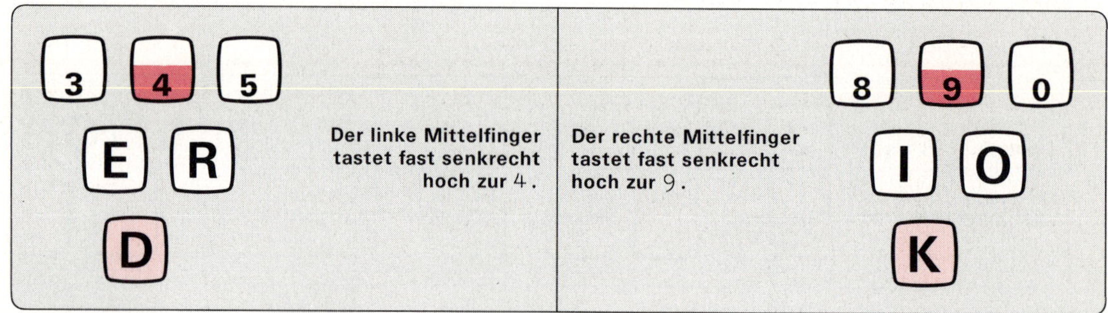

2.23.2 **Geschützter Leerschritt**

● Um zu verhindern, daß zusammengehörige Textteile (z. B. Zahlen mit folgenden Währungseinheiten) am Zeilenende getrennt werden, ist ein geschützter Leerschritt einzugeben. Bei Löschungen oder Einfügungen bleiben die Textteile als eine Einheit bestehen (Beispiel: 4,44 DM).

Geben Sie an den gekennzeichneten Stellen jeweils einen geschützten Leerschritt ein.

2.23.3 **Erarbeitung Ziffer 4**

3 d4d d4d 4d4 4d4 fd4 fd4 d4a d4a 4di 4di d4n d4n 4de 4de ed4

4 4□Damen, 4□Dornen, 4□Deckel, 4□Fehler, 44□Autos, 44□Felder,

5 4□Fälle, 4□Farben, 4□Spiele, 4□Gärten, 44□Bäume, 44□Regale,↵

2.23.4 **Festigung**

6 4□m lang, 4□kg leichter, um 4□cm gekürzt, noch 44□l Wasser,

7 die 4.□Folge, die 4.□Straße, der 4.□Brief, in der 4.□Woche,

8 die 4.□Reihe, der 4.□Antrag, der 4.□Platz, in der 4.□Zeile.↵

9 Das neue Einkaufszentrum bietet 4□kg Zucker für 4,44□DM an. 65

10 Frau Steinmeyer kaufte hier 4□m Stoff für nur 44,44□DM ein. 65

11 An der Kasse mußte ein Betrag von 444,44□DM bezahlt werden.↵ 65

(195)

2.23.5 **Erarbeitung Ziffer 9**

12 k9k k9k 9k9 9k9 ök9 ök9 k9j k9j 9ke 9ke k9c k9c 9ki 9ki ik9

13 9□Käufer, 9□Kassen, 9□Kisten, 9□Länder, 9□Häuser, 9□Männer,

14 9□Plätze, 9□Zimmer, 9□Ordner, 9□Wörter, 9□Regeln, 99□Teile,↵

2.23.6 **Festigung**

15 erst am 9.□Tag, die 9.□Seite lesen, schon der 99.□Bewerber,

16 noch 9□l Milch, über 9□kg schwerer, das Kleid 9□cm gekürzt,

17 um 9,49□DM teurer geworden, heute noch 94,99□DM überweisen.↵

18 Die Einwohnerzahl des Stadtteils stieg auf 4□944□Einwohner. 64

19 In dieser norddeutschen Stadt leben jetzt 94□449□Einwohner. 63

20 In der benachbarten Großstadt wohnen nun 449□949□Einwohner.↵ 63

(190)

2.23.7 **Lernkontrolle**

21 Ihre Bestellung über 49□m Stoff haben wir gestern erhalten. 63

22 Leider können wir Ihren Auftrag erst in 4□Wochen ausführen. 64

23 Für einige Stoffe haben wir Lieferrückstände von 9□Monaten. 64

(191)

2.23.8 **Regeln**

● Bei Ordnungszahlen folgt der Leerschritt hinter dem Punkt.

● Dezimale Teilungen werden mit dem Komma geschrieben.

● Zahlen mit mehr als drei Stellen dürfen durch je einen Leerschritt in dreistellige Gruppen gegliedert werden.

2.24.1 Wiederholung

Zeile 1 4□Tische, 9□Uhren, 49□Tafeln, 94□Urlauber, 44,44 DM□zahlen.
2 Der Außendienstmitarbeiter fuhr gestern 494□km mit dem Pkw.↵

2.24.2 Erarbeitung Ziffer 5

3 f5f f5f 5f5 5f5 df5 df5 f5a f5a 5fh 5fh rf5 rf5 5ft 5ft tf5
4 5□Falten, 5□Fische, 5□Finger, 5□Fässer, 5□Fliegen, 5□Filme,
5 5□Deckel, 5□Sänger, 5□Regeln, 5□Tonnen, 5□Gesetze, 5□Vasen,↵

2.24.3 Festigung

6 in 5□Geschäften, 5□Briefe beantwortet, schon vor 5□Stunden,
7 auf dem 5.□Feld, die 5.□Folge gesehen, mit dem 5.□Frachter,
8 insgesamt 5fach, die 5jährige Tochter, eine 5stellige Zahl.
9 Die Wohnungsgenossenschaft bietet eine 5-Zimmer-Wohnung an.↵

2.24.4 Erarbeitung Ziffer 8

10 j8j j8j 8j8 8j8 kj8 kj8 j8ö j8ö 8je 8je uj8 uj8 8jz 8jz zj8
11 8□Jahre, 8□Jacken, 8□Jungen, 8□Kunden, 8□Lehrer, 88□Zahlen,
12 8□Hunde, 8□Nadeln, 8□Messer, 8□Bauten, 8□Bilder, 88□Rollen,↵

2.24.5 Festigung

13 erst in 8□Tagen, eine 8jährige Pause, genau um 88□m länger,
14 beim 8.□Versuch, noch 8,88□DM zahlen, diese 8-km-Wanderung.
15 Unter dem Anschluß Tx□495895□gb□d können Sie uns erreichen.
16 Die Telexkennung Tx□548945□mobfa□d stimmt auf dem Vordruck.↵

2.24.6 Erarbeitung Ziffer 6

17 f6f f6f 6f6 6f6 df6 df6 f6a f6a 6fö 6fö tf6 tf6 6ft 6ft rf6
18 6□Fahrer, 6□Farben, 6□Fehler, 6□Fragen, 6□Spiele, 66□Stück,
19 6□Tische, 6□Rollen, 6□Gläser, 6□Briefe, 6□Bilder, 66□Bände.↵

2.24.7 Festigung

Anschläge je Zeile

20 Bitte wählen Sie ab Februar□n.□J. die neue Rufnummer□66□55. 65
21 Die Firma Beckmann□OHG erreichen Sie unter der Nr.□6□55□44. 68
22 Geben Sie bitte in der Anschrift unser Postfach□4□56□89 an. 64
23 Für das Fernkopieren müssen Sie aber Fax□55□44□66 anwählen. 64
24 Unser Betrieb hat den Bildschirmtextanschluß Btx□6548□9865. 64
25 Firma List hat den Bildschirmtextanschluß Btx□65□4896□6549. 64

(389)

2.24.8 Regeln

- In Wortzusammensetzungen mit Zahlen steht zwischen der Zahl und dem folgenden Wortteil kein Mittestrich (5fach).
- Aneinanderreihungen mit Zahlen in Ziffern werden durch einen Bindestrich verbunden (5-Zimmer-Wohnung).

- Die Telexkennung (Tx) besteht aus der ungegliederten Telexnummer, der Abkürzung des Firmennamens und dem Nationalitätskennzeichen.
- Telefonnummern und Postfachnummern werden durch je einen Leerschritt von rechts nach links in zweistellige Gruppen gegliedert.

- Vor den zweistellig gegliederten Telefaxnummern steht Fax.
- Btx-Nummern werden durch je einen Leerschritt von rechts nach links in vierstellige Gruppen gegliedert. Davor steht Btx.

2.25.1 Wiederholung

Zeile 1 nach 6jähriger Pause, nur 8,55□DM Zinsen, Postfach□5□86□49.
2 Die Nummern Btx□56□8945 und Fax□56□89 müssen Sie mitteilen.←

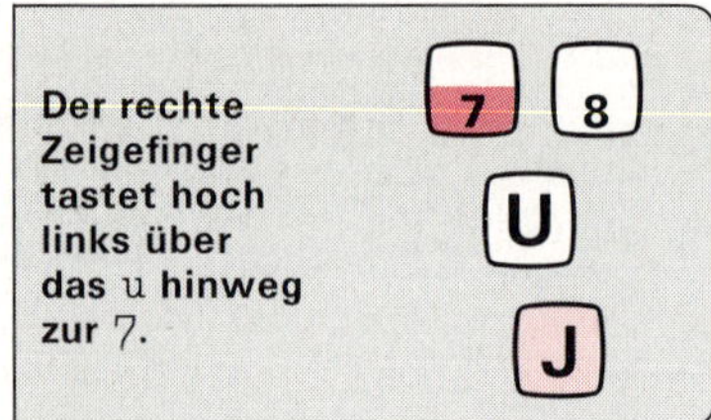

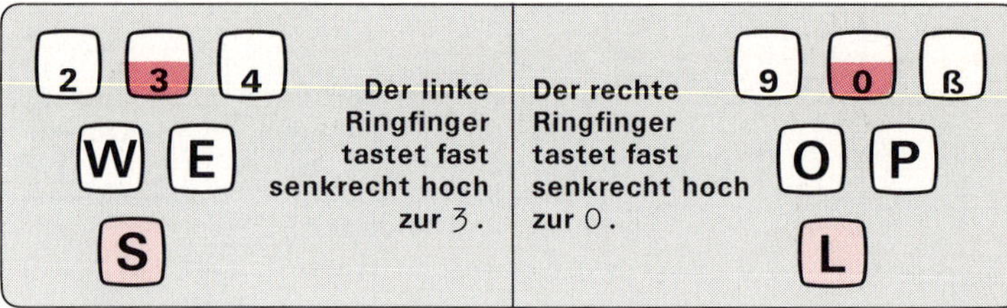

2.25.2 Erarbeitung Ziffer 7

3 j7j j7j 7j7 7j7 kj7 kj7 j7ö j7ö 7je 7je uj7 uj7 7ju 7ju zj7
4 7□Jahre, 7□Jacken, 7□Jungen, 7□Lichter, 7□Kästen, 7□Kinder,
5 7□Uhren, 7□Zahlen, 7□Helfer, 7□Modelle, 7□Nieten, 7□Fächer.←

2.25.3 Festigung

Anschläge je Zeile

6 Geben Sie nicht die Straße, sondern unser Postfach□7□45 an. — 64
7 Unser Nachbar ist jetzt in die Bremer Straße□7□a umgezogen. — 64
8 Unter der Telefonnummer□4□98-5□58 erreichen Sie Frau Meier. — 65
9 Die Telexnebenstelle ist mit Tx□78965-45□möbag□d angegeben.← — 63

(256)

2.25.4 Erarbeitung Ziffer 3

10 s3s s3s 3s3 3s3 ds3 ds3 s3a s3a 3sö 3sö ws3 ws3 3sw 3sw 3sw
11 3□Sätze, 3□Seile, 3□Seiten, 3□Spiele, 3□Werke, 3□Wohnungen,
12 3□Arten, 3□Düsen, 3□Fehler, 3□Bänder, 3□Ecken, 33□Personen.←

2.25.5 Festigung

13 Die 3tägige Sitzung findet in dem Schulungsraum□37□b statt. — 63
14 Unseren Chef erreichen Sie direkt unter der Nummer□3□77-54. — 64
15 Unsere Firmenanschrift lautet: Postfach 37□45, 45355 Essen. — 64
16 Die Anschrift des Unternehmens: Postfach 5□33, 63456 Hanau.← — 65

(256)

2.25.6 Erarbeitung Ziffer 0

17 lol lol olo olo jl0 jl0 l0ö l0ö 0lg 0lg o10 o10 0lo 0lo 0lo
18 30□Lehrer, 30□Lichter, 30□Leisten, 3□000□Stück; 50733 Köln;
19 Höhe 0,35□m, Summe 0,37□DM, Gewicht 0,360□kg, Rest 3,00□DM.←

2.25.7 Festigung

20 Die Einwohnerzahl unserer Stadt ist auf 70□000 angewachsen. — 63
21 Für diesen Neubau sollen die Baukosten 400□000□DM betragen. — 65
22 Der Schnellzug fährt heute morgen um 08.30□Uhr in Essen ab. — 64
23 In der Nacht läuft der Eilzug um 00.05□Uhr auf Gleis□3 ein. — 65
24 Kündigen Sie Ihren Besuch telefonisch unter Nr.□5□66-30 an. — 65
25 Moderne Textsysteme werden schon für 3□350,00□DM angeboten. — 64

(386)

2.25.8 Regeln

● In Telefonnummern und Telexnummern wird die Nummer des Hauptanschlusses von der Nummer der Nebenstelle durch einen Mittestrich getrennt.

● Deutsche Postleitzahlen werden fünfstellig geschrieben.

● Bei runden Zahlen oder ungefähren Werten darf die Kennzeichnung der Dezimalstellen unterbleiben.

● Nichtdezimale Teilungen kennzeichnet man mit dem Punkt. Zeitangaben in Stunden und Minuten sollten vierstellig geschrieben werden.

702930

2.26 Griffe in die Ziffernreihe: Ziffern 2 und 1

2.26.1 **Wiederholung**

Zeile 1 noch rund 35□000□DM, Münchener Ring□5□a, Telefon Nr.□45□78.
2 Zur vollständigen Anschrift gehört auch das Postfach□68□97.←

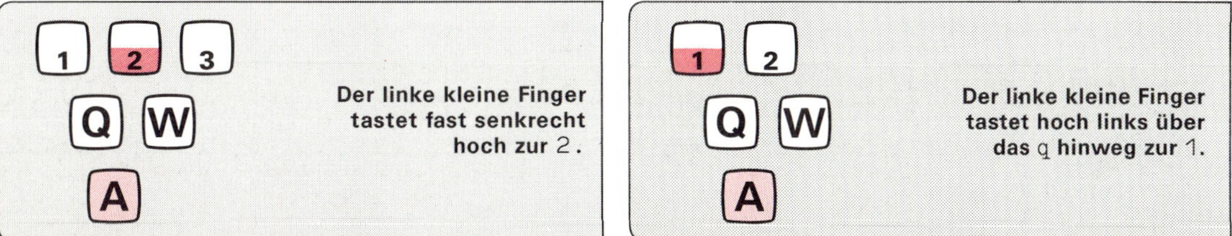

2.26.2 **Erarbeitung Ziffer 2**

3 a2a a2a 2a2 2a2 sa2 sa2 a2f a2f 2az 2az qa2 qa2 2aq 2aq 2aq
4 2□Akten, 2□Arten, 2□Anker, 2□Anträge, 22□Sorten, 22□Folgen,
5 2□Täter, 2□Gäste, 2□Bände, 2□Werften, 22.□April, 22.□Platz.←

2.26.3 **Festigung**

Anschläge je Zeile

6 Auf dem Postbank Girokonto 3□56-502 gingen 2□250,00□DM ein.   64
7 Er überwies 22,00□DM auf das Postbank Girokonto 623□25-502.   66
8 Setzen Sie bitte vor unsere Kontonummer die BLZ□440□200□50.   66
9 Auf dem Geschäftsvordruck steht die falsche BLZ□424□500□75.← 65
(259)

2.26.4 **Erarbeitung Ziffer 1**

10 a1a a1a 1a1 1a1 da1 da1 a1g a1g 1au 1au qa1 qa1 1aq 1aq 2a1
11 1□Aktie, 1□Anlage, 1□Aufgabe, 1□Stunde, 1□Deckel, 1□Fahrer,
12 1□Gerät, 1□Tanker, 1□Versuch, 1□Bilanz, 11.□Juni, 11.□März.←

2.26.5 **Alphanumerische Kalenderdaten**

13 Am 1.□Juni□19.. berieten wir. Am 01.□April□.. berieten wir.   64
14 Er kam am 1.□Mai□19.. zu uns. Er kam am 01.□Juni□.. zu uns.   64
15 Am 2.□Sept.□19.. sind Ferien. Am 02.□Febr.□.. hat sie frei.   65
16 Den 2.□Apr.□19.. notierte er. Am 02.□Okt.□.. ist die Feier.← 65
(260)

2.26.6 **Numerische Kalenderdaten**

17 Die neuen Verkaufszahlen müssen schon zum 01.02. vorliegen.   62
18 Eine neue Auszubildende wird erst zum 01.09... eingestellt.   62
19 Thomas hat die Girokontonummer 463□32-463 bei der Postbank.   63
20 Seit 02.02.19.. ist der Betrag von 21,00□DM bereits fällig.← 64
(251)

Bitte die laufende Jahreszahl einsetzen!

2.26.7 **Lernkontrolle**

Schreiben Sie in den folgenden Sätzen die Zahlen gegliedert:

21 Unser Zweigwerk hat seit 01.12. die neue Rufnummer 82739.
22 Auf dem Überweisungsträger fehlt wieder die BLZ 51320046.
23 Unser Girokonto 43656463 bei der Postbank wird aufgelöst.
24 Beachten Sie die Anschlüsse Btx 987654321 und Tx 7891234.

Lösung: Zeile 21: Rufnummer 827 39; Zeile 22: 513 200 46; Zeile 23: Postbank Girokonto 436 56-463; Zeile 24: Btx 9 8765 4321 und Tx 789 1234.

2.26.8 **Regeln**

● Bei Girokontonummern der Postbank steht vor der rechten dreistelligen Zahlengruppe ein Mittestrich. Die mittlere Zahlengruppe besteht aus zwei Ziffern, während die Gruppe links unterschiedlich groß ist.
● Bankleitzahlen sind achtstellig. Die drei Zahlengruppen (rechts zweistellig, in der Mitte und links dreistellig) werden durch Leerschritte getrennt.

● Kalenderdaten dürfen alphanumerisch oder numerisch geschrieben werden.
● Das numerische Datum wird in der Reihenfolge Tag – Monat – Jahr durch Punkte gegliedert. Tag und Monat sollten zweistellig geschrieben werden.

2.27.1 Häufige Wörter

Anschläge je Zeile

Zeile 1 nicht erste wenig damit wiegen bilden stehen leisten weiter   60
2 hatte macht liegt geben diesen nennen halten ähnlich reicht   60
3 eines müßte haben ganze beiden dienen setzen bedient lassen   60
4 heute nimmt hielt sehen können führen weiter handeln besten   60
5 schon einig denen außen werden fassen liegen mehrere halten←   60

(300)

2.27.2 Wendungen

6 24 Schreibzeilen, bis zu 80 Zeichen, das einzelne Programm,   63
7 dieser Prozessor, Texte verarbeiten, diese Computersysteme,   63
8 hohe Kapazitäten, nicht koordiniert, die Speicherkapazität,   62
9 auf der Tastatur, der Thermodrucker, dieses Typendruckwerk,   63
10 externe Speicher, der Matrixdrucker, der Farbstrahldrucker.←   63

(314)

Anschl. je Block

2.27.3 Datenverarbeitung durch Computer

Gesamtanschläge

62 Taschenrechner und Computer sind ähnlich gebaut. Zur Daten-   62
124 eingabe hat der Computer eine Tastatur, die wie bei anderen   124
187 Büromaschinen ertastend bedient wird. Daten, die eingegeben   187
250 sind, kann man auf dem Bildschirm ablesen. Die Schreibzeile   250
314 umfaßt 80 Zeichen. Oft zeigen die Bildschirme 24 Zeilen an.←   314

62 Die Daten werden in der Zentraleinheit verarbeitet. Sie be-   376
124 steht aus Rechenwerk, Steuerwerk und Hauptspeicher. Rechen-   438
187 werk und Steuerwerk bilden oft eine Einheit. Man bezeichnet   501
249 diese Einheit als Prozessor. Der Computer muß zunächst pro-   563
310 grammiert werden, um alle Daten auch verarbeiten zu können.←   624

63 Ein Programm legt einzelne Anweisungen fest, nach denen der   687
128 Computer handelt. Solche Anweisungen nennt man Befehle. Die   752
189 einzelnen Arbeitsschritte für das Programm muß der Program-   813
251 mierer in einer Programmiersprache niederschreiben. Für die   875
313 verschiedensten Anwendungszwecke gibt es Computerprogramme.←   937

64 Für die Speicherung von Programmen und Daten stehen interne   1001
128 und externe Speicher zur Verfügung. Externe Speicher werden   1065
191 auch Datenträger genannt. Sie erhöhen die Speicherkapazität   1128
254 des internen Hauptspeichers. Das Steuerwerk koordiniert das   1191
317 Zusammenwirken der Einheiten innerhalb des Computersystems.←   1254

63 Es liest die Befehle eines Programms, entschlüsselt sie und   1317
123 führt sie aus. Rechen- oder Vergleichsoperationen nimmt da-   1377
186 gegen das Rechenwerk vor. Drucker können gespeicherte Texte   1440
246 ausgeben. Es ist auch möglich, gleich vom Bildschirm auszu-   1500
309 drucken. Für die verschiedensten Drucker gibt es eine Norm.←   1563

63 Drucker geben die Texte oder Daten seitenweise, zeilenweise   1626
124 oder zeichenweise aus. Die Zeichenerzeugung kann mit Laser-   1687
187 druckern, Typendruckern, Farbstrahldruckern, Thermodruckern   1750
248 oder auf andere Weise erfolgen. Bei den Matrixdruckern ent-   1811
310 stehen die Schriftzeichen aus Elementen eines Grundrasters.   1873

2.28 Training

2.28.1 Häufige Wörter

Anschläge
je Zeile

```
Zeile 1  im das aus zur wenn hier fest mehr ihnen durch senden zurück    61
      2  ab und die bei eine kann alle frei macht älter können wieder     61
      3  in sie mit nur ihre sich auch oben nicht laden werden sollte     61
      4  zu ein für vom oder über nach aber einem höher andere hatten     61
      5  er von auf wer sein darf mehr ohne führt legen eignen nehmen←    61
                                                                      (305)
```

2.28.2 Geläufigkeitssätze

```
 6  Das Bundesjugendschreiben wird am Jahresanfang durchgeführt.    64
 7  Stenografenbezirke und -verbände veranstalten Wettschreiben.    63
 8  Auch die Stenografenvereine ermitteln ebenfalls die Meister.    64
 9  Nur die Besten nehmen an den deutschen Meisterschaften teil.    64
10  Auf die Wettschreiben sollte man sich gründlich vorbereiten.←   63
                                                               (318)
```

Anschl. je Block

2.28.3 Maschinenschreiben - ein Sport?

Gesamtanschläge

```
 62  Die Deutsche Stenografenjugend führt jährlich ein bundeswei-    62
124  tes Leistungsschreiben in Kurzschrift und auch im Maschinen-   124
187  schreiben durch. Sie sollten überlegen, ob Sie nicht auch an   187
248  einem Wettbewerb teilnehmen, um die Leistungen mit den ande-   248
313  ren Wettschreibern zu messen. Hierzu hätten Sie Gelegenheit.←  313

 63  Die Deutsche Stenografenjugend sendet allen örtlichen Veran-   376
126  staltern die Teilnahmeunterlagen zu. Stenografenvereine oder   439
189  Schulen melden sich zu diesem Schreiben an. Nachdem das Lei-   502
249  stungsschreiben durchgeführt wurde, sind die Arbeiten auszu-   562
312  werten und die Ergebnisse der Stenografenjugend mitzuteilen.←  625

 62  Die Deutsche Stenografenjugend ermittelt nach den eingesand-   687
127  ten Ergebnislisten die Bundessieger. Wer das Höchstalter von   752
188  25 Jahren nicht überschritten hat, kann sich an diesem Wett-   813
249  bewerb beteiligen, wenn eine Mindestleistung von 80 Anschlä-   874
313  gen in der Minute erreicht wird. Bereiten Sie sich doch vor.←  938

 61  Daneben werden aber auch noch andere Leistungsschreiben aus-   999
125  getragen. Die Stenografenbezirke, -verbände und der Deutsche  1063
188  Stenografenbund laden ihre Mitglieder ebenfalls jährlich zur  1126
250  Teilnahme an ihren Meisterschaften ein. Natürlich sind hier-  1188
315  bei die Leistungsanforderungen erheblich höher als beim BJS.←1253

 62  Meistens werden getrennte Wettbewerbe für das Schnellschrei-  1315
124  ben und für das Perfektionsschreiben durchgeführt. Eine Feh-  1377
187  lergrenze von einem Promille ist im Perfektionsschreiben zur  1440
249  Überprüfung der Schreibrichtigkeit festgelegt. Bei den deut-  1502
312  schen Meisterschaften sind die Anforderungen besonders hoch.←1565

 65  Auf Ihr erstes Leistungsschreiben sollten Sie sich besonders  1630
129  gründlich vorbereiten. Wie die Leistungssportler sollten Sie  1694
191  täglich trainieren. Hierfür eignen sich häufige Wörter, Wen-  1756
254  dungen, Zeilensätze und Fließtexte. Den erhofften Erfolg er-  1819
316  zielen Sie, wenn Sie ausdauernd und systematisch trainieren.  1881
```

2.29.1 Wiederholung

Zeile 1 | Am 12.02. traf die Sendung bei der Firma Brinkmann OHG ein.
2 | Der Telexanschluß Tx□39562□bauw□d war schon wieder gestört.↵

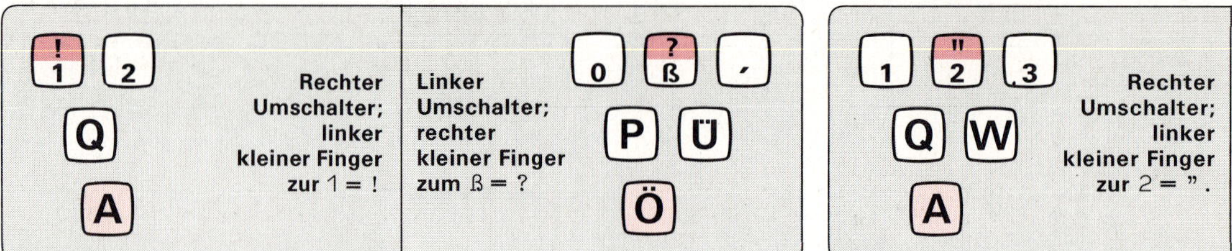

2.29.2 Ausrufezeichen

3 | a!a a!a !a! !a! sa! sa! a!d a!d a!ö a!ö qa! qa! ah! ah! ah!
4 | Oh! Oh! Gut! Gut! Halt! Halt! Bitte! Bitte! Schade! Schade!↵

5 | Guten Tag! Guten Abend! Alles Gute! Sehr schön! Gute Reise!
6 | Sei ruhig! Meine Damen! Gute Fahrt! Grüße alle! Hole es ab!
7 | Gute Erholung! Schöne Ferien! Hätten wir doch schon Urlaub!↵

2.29.3 Fragezeichen

8 | ö?ö ö?ö ?ö? ?ö? lö? lö? ö?k ö?k sö? sö? gö? gö? pö? pö? pö?
9 | Wo? Wo? Was? Was? Wie? Wie? Wer? Wer? Wann? Wann? Was? Wer?↵

Anschläge je Zeile

10 | Wozu benötigt? Wird Frank berichten? Berichtet Ute darüber? | 68
11 | Wofür bedankt? Warum antwortete Udo? Wer hat sich beworben? | 67
12 | War Eva dabei? Wann ist die Sitzung? Wo ist diese Beratung?↵ | 69
(204)

2.29.4 Anführungszeichen

13 | a"a a"a "a" "a" sa" sa" a"d a"d "am "am la" la" qa" qa" qa"
14 | Marken "Antik" und "Anker", Modell "Nizza", Hotel "Am Zoo".↵

15 | Ein Kunde fragte: "Verbraucht dieser Wagen weniger Benzin?" | 69
16 | Der Verkäufer entgegnete: "Das Modell fährt benzinsparend." | 67
17 | "Der Wagen fährt bleifrei", fügte der Verkäufer noch hinzu.↵ | 65
(201)

2.29.5 Unterführungszeichen

18 | Rechnung Nr. 26 vom 25.06. über 500,00 DM, fällig am 20.07.
19 | "   "   37 "   01.07. "   200,50 "   "   " 10.08.↵

20 | Bestellung vom 03.02. über 10 Schreibmaschinen, Modell SM 7
21 | "   "   23.02. "   15 "   "   E 10
22 | "   "   27.02. "   15 Personalcomputer, "   PC 6↵

2.29.6 Lernkontrolle

23 | Nutzen Sie alle Vorteile "elektronischer Schreibmaschinen"! | 66
24 | Mehrere Modelle der "Elektronik□150" wurden schon verkauft. | 65
25 | Gibt es eigentlich Gründe, nicht elektronisch zu schreiben? | 63
26 | Der Prospekt "Elektronische SM" wird Sie sicher überzeugen! | 69
27 | Unser wichtigster Grundsatz lautet: "Alles für den Kunden!" | 68
(331)

2.29.7 Regeln

● Anführungszeichen stehen ohne Leerschritt vor und nach den eingeschlossenen Textteilen.

● Werden vollständige Sätze in Anführungszeichen gesetzt, steht das zweite Anführungszeichen hinter dem Satz-Schlußzeichen.

● Das Unterführungszeichen wird unter den Anfangsbuchstaben des zu unterführenden Wortes geschrieben.

702934

2.30 Sonderzeichen

2.30.1 Wiederholung

Zeile 1 Wollen Sie bestellen? Dann bestellen Sie bis zum 15. April!

2 In dem Prospekt "Sommermode" finden Sie alle neuen Modelle.←

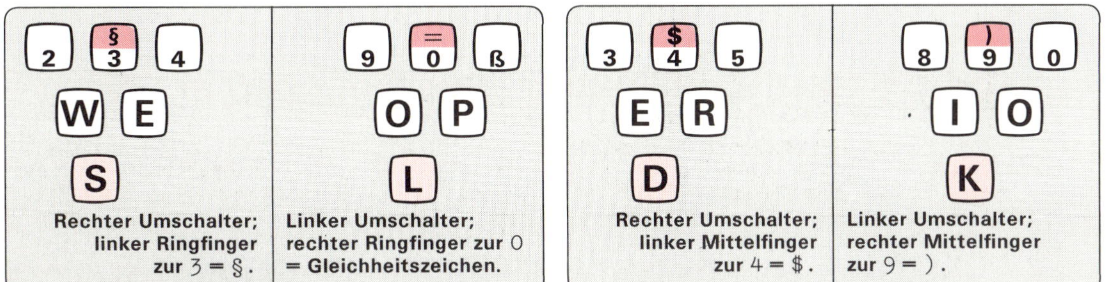

2.30.2 Paragraph

3 s§s s§s §s§ §s§ ds§ ds§ s§a s§a §sö §sö ws§ ws§ §sw §sw §sw

4 den § 3 aufführen, nach § 33 des Gesetzes, die §§ 8 bis 12.←

Anschläge je Zeile

5 Nach § 1 HGB ist Kaufmann, wer ein Handelsgewerbe betreibt.   67

6 Der Beklagte wurde nach § 551 Abs. 2 Satz 2 BGB verurteilt.   68

7 Alle Paragraphen, bis auf die §§ 8 bis 13, wurden geändert.←   64

(199)

2.30.3 Gleichheitszeichen

8 l=l l=l =l= =l= kl= kl= l=ö l=ö =la =la ol= ol= =lo =lo =lo

9 HGB = Handelsgesetzbuch, das BGB = Bürgerliches Gesetzbuch.←

10 Autokennzeichen: DO = Dortmund, S = Stuttgart, M = München.   72

11 Dieser Personenkraftwagen hat das Kennzeichen S = Schweden.   66

12 Die Firma Brinkmann hat den Teletexanschluß Ttx 654321=bri.←   66

(204)

2.30.4 Dollar

13 d$d d$d d d fd$ fd$ d$a d$a $dö $dö ed$ ed$ $de $de $de

14 nur 4 $ zahlen, mehr als 9 $ berechnet, schon 80 $ bezahlt.←

15 Der Händler bietet das Kraftfahrzeug jetzt für 10 500 $ an.   63

16 In dem Kaufvertrag hieß es: "Zahlen Sie sofort 5 000 $ ..."   67

17 Der Vertrag lautet: "35 000 $ sind bei Erhalt der Ware ..."←   67

(197)

2.30.5 Nachklammer

18 k)k k)k)k))k) jk) jk) k)ö k)ö)ka)ka ik) ik) a) b) c) d)

19 a) Magnetband, b) Magnetkarte, c) Magnetplatte, d) Diskette←

20 a) Anrede, b) Name, c) Straße, d) Postleitzahl mit Wohnort.   69

21 a) Matrixdrucker, b) Farbstrahldruckwerk, c) Thermodrucker.   66

22 Ergänzen Sie bitte auf den Vordrucken die Punkte d) und f).←   66

(201)

2.30.6 Lernkontrolle

23 Die §§ 5 bis 7 unserer Vereinssatzung sind geändert worden.   64

24 Unter dem Punkt b) wurden die Vorstandswahlen durchgeführt.   64

25 136 Stimmen waren gültig, 5 Stimmen ungültig = 141 Stimmen.   64

26 Die Teilnahmegebühr für den Kongreß soll nur 80 $ betragen.   63

27 Berücksichtigen Sie bei der Anmeldung die Punkte e) und g).   66

(325)

2.30.7 Regeln

- Steht ein Zeichen für ein Wort (§, $ usw.), läßt man davor und dahinter einen Leerschritt.
- § darf nur in Verbindung mit darauffolgenden Zahlen verwendet werden.
- Die Teletexkennung wird von dem Buchstabenteil durch das Gleichheitszeichen getrennt (davor und dahinter kein Leerschritt).
- Für ausgelassene Textteile werden drei Punkte geschrieben.
- Die Nachklammer folgt dem Kleinbuchstaben ohne Leerschritt.

2.31.1 Wiederholung

Zeile 1 nach § 10 BGB, die §§ 17 und 18, 1 kg = 1 000 g, noch 17 $,
2 a) Schulbesuch, b) Ausbildungsberufe, c) Berufstätigkeiten. ←

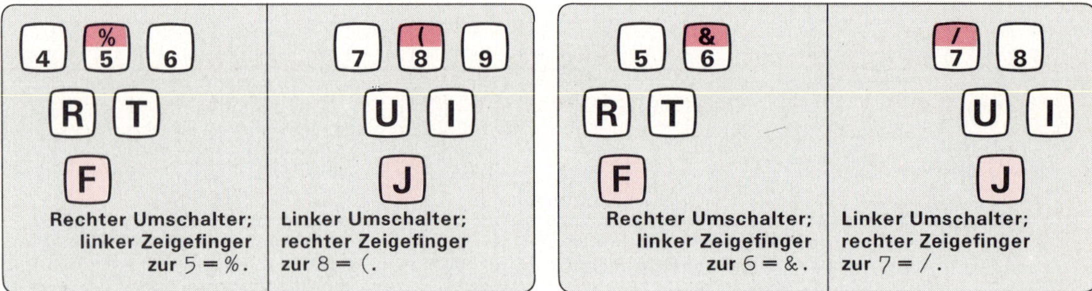

2.31.2 Prozent

3 f%f f%f %f% %f% df% df% f%a f%a %fö %fö rf% rf% %fr %fr tf%
4 5 % Zinsen, 5 % Nachlaß, 9 % Rabatt, nur ein 5%iger Gewinn. ←

Anschläge je Zeile 64

5 Die Großhandlung konnte die Umsätze sogar um 12 % steigern. 64
6 Auf bestimmte Artikel wurde ein Nachlaß von 6 % eingeräumt. 64
7 Natürlich sind wir mit dem 10%igen Rabatt wieder zufrieden. ← 63
(191)

2.31.3 Vorklammer

8 j(j j(j (j((j(kj(kj(j(ö j(ö (ja (ja uj(uj((ju (ju zj(
9 Frau Mai (Einkauf), Herr Vogt (Verkauf), die Anschrift(en). ←

10 Die Niederlassung in Darmstadt hat die Nr. (0 61 51) 81 95. 66
11 Unsere Zentrale (0 29 31) 56 89-1 vermittelt die Gespräche. 65
12 Übermitteln Sie Firma Alt die Kopie unter Fax (02 28) 3 45. ← 68
(199)

2.31.4 „und" in Firmennamen

13 f&f f&f &f& &f& df& df& f&s f&s &fö &fö tf& tf& &ft &ft rf&
14 Fischer & Fuchs, Faber & Sohn, Stahl & Söhne, Lehmann & Co. ←

15 Die Firma Schneider & Co. wird nun in eine OHG umgewandelt. 68
16 Zu der Firma Bergmann & Co. KG besteht eine gute Beziehung. 68
17 Die Firma Walter & Co. AG hat einen Konkursantrag gestellt. ← 68
(204)

2.31.5 Schrägstrich

18 j/j j/j /j/ /j/ kj/ kj/ j/ö j/ö /ja /ja uj/ uj/ /ju /ju zj/
19 1/4 kg Wurst, 1/2 kg Käse, 3/4 l Milch, 15 1/2 m Wollstoff. ←

20 Für dieses Darlehen berechnet die Sparkasse 6 3/4 % Zinsen. 65
21 Der Eigentümer benötigt für den Zaun 25 1/2 m Maschendraht. 65
22 Die Geschäftsräume befinden sich in der Bahnhofstraße 9/12. ← 64
(194)

2.31.6 Besonderheiten des Schrägstrichs

23 Die neue Anschrift: Hamburger Straße 27/29, 19061 Schwerin. 67
24 In dem Rechtsstreit Mai ./. Neu wurde die Klage zugestellt. 66
25 Bei der Blutprobe wurden nur 0,2 o/oo Alkohol festgestellt. 64
26 Für die Wasserleitung werden 10 Rohre von 13 mm Ø benötigt. 65
(262)

2.31.7 Regeln

● Klammern werden ohne Leerschritt vor und nach den Textteilen, die von ihnen eingeschlossen sind, geschrieben.

● In Telefonnummern und Telefaxnummern steht die Ortsnetzkennzahl in Klammern vor der Nummer des Hauptanschlusses. Alle Angaben sind zweistellig zu schreiben.

● Hinter der Abkürzung Co. darf der Punkt auch wegfallen.

● Vor und nach dem Schrägstrich entfallen die Leerschritte.

● ./. wird nur in Rechtsstreitigkeiten verwendet.

● Für Promille wird das kleine o und der Schrägstrich verwendet.

2.32 Sonderzeichen

2.32.1 Wiederholung

Zeile 1 nur 3□% Preiserhöhung, 10□1/2□m Länge, alle Schüler(innen),
2 Marktstraße□3/5, von 1980/83, Franke□./.□Weber, nur 2□o/oo.

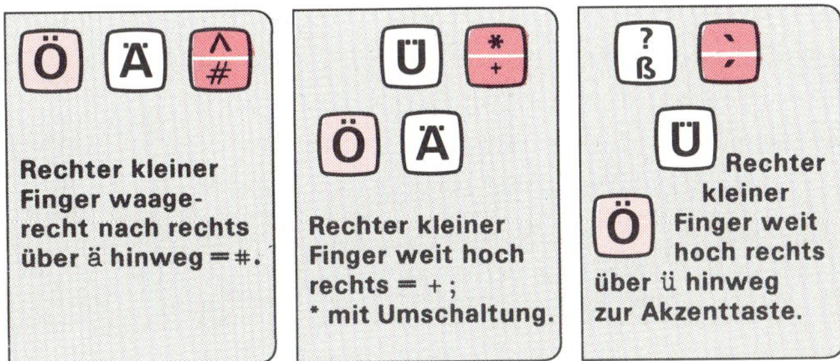

2.32.2 Nummern

3 ö#ö ö#ö #ö# #ö# lö# lö# ö#k ö#k #öj #öj hö# hö# h#ö h#ö h#ö
4 Übung #□4, Katalog #□9, Aufgaben #□5 und 8, die Hausnummer.

5 Wir bedauern, daß der Artikel #□5 noch nicht lieferbar ist.   Anschläge 62
6 Als Ersatz können wir Ihnen den Artikel #□6 sofort liefern.   63
7 Beachten Sie bitte bei den #□26 und 28 die Preiserhöhungen.   63
(188)

2.32.3 Plus und „geboren"

8 ö+ö ö+ö +ö+ +ö+ ö+w ö+w üö+ üö+ ö*ö ö*ö *ö* *ö* ö*e ö*e *öü
9 5□+□3□=□8, 4 + 2 = 6, 10 + 9 = 19, 25 + 5 = 30, 50 + 8 = 58
10 Christine Müller, *□08.10.60; Walter Schneider, *□15.05.61;
11 Angelika Schulze, *□23.09.62; Wolfgang Schmidt, *□04.12.63;
12 Eva Kluge, *□25.04.72; Karl Heinze, *□18.06.12, +□25.05.83.

2.32.4 Akzente

13 ö´ö ö´ö ´öl ´öl ö`ö ö`ö `ök `ök ö^ö ö^ö ^öj ^öj ö´ö ö`ö ö^ö
14 Café, Café, Coupé, Coupé, Glacé, Glacé, Doublé, ein Doublé,
15 Ampère, Ampère, Rhône, Rhône, Hélène, Hélène, mit François,
16 mit dem Coupé fahren, das schöne Café, das Doublé getragen,
17 Watt und Ampère, an der Rhône, die Stadt Mâcon, mit Hélène.

2.32.5 Hochzahlen

18 a^2a a^2a $^2a^2$ $^2a^2$ fa^2 fa^2 a^2m a^2m a^3a a^3a $^3a^3$ $^3a^3$ a^3n ya^3 ya^3
19 110□m^2 Wohnfläche, 120□m^2 Grundfläche, 1□500□m^2 Nutzgarten,
20 10□m^3 Mutterboden, 3□m^3 Kies und Sand, sogar 400□m^3 Wasser.
21 die Drehung von 180°, der Winkel von 45°, Temperatur 15□°C.

2.32.6 Regeln

● # darf nur in Verbindung mit Zahlen verwendet werden.

● * wird für „geboren", + für „gestorben" geschrieben.

● Erst die Akzentzeichen, danach die darunterstehenden Buchstaben schreiben.

● Für die Cedille wird das Komma geschrieben.

● Hoch- oder tiefgestellte Ziffern folgen der vorhergehenden Zahl ohne Leerschritt. Alleinstehende, hochgestellte Zeichen folgen dem Zahlenwert ohne Leerschritt.

● Beim Hoch- oder Tiefstellen von Zahlen ist der Befehl für „hoch" oder „tief" einzugeben.

● Um die Schriftzeichen der 3. Umschaltebene (rechts neben den Ziffern auf der alphanumerischen Tastatur) eingeben zu können, ist die ALT-Gr-Taste zu bedienen. Sie ist herunterzudrücken und während des Tastenanschlags festzuhalten.

● Sollen Schriftzeichen des ASCII-Codes auf dem Bildschirm erscheinen, ist die ALT-Taste festzuhalten und über den numerischen Tastaturbereich die Codenummer einzugeben. Für das Zeichen \ ist ALT + 92 (numerischer Tastaturbereich) einzugeben. Die jeweiligen Codenummern ergeben sich aus der ASCII-Tabelle.

3 Textgestaltung

3.1 Tabulator; Aufstellungen

3.1.1 Bedienkunde

● Der Tabulator erleichtert das Schreiben von Tabellen und Aufstellungen.

● Mit der Tabuliertaste werden die Leerräume zwischen den Spalten überwunden. Tabulator-Stopps können schon gesetzt sein, so daß die Tabuliertaste 5, 8 oder 10 Leerschritte überspringt. Andere Tabulator-Stopps können eingegeben werden. Bei der Einstellung der Tabulator-Stopps ist zu beachten, daß an einigen Systemen die 10 Zeichenschritte für den Anfangsrand nicht mitgezählt werden. Grad 10 entspricht dabei der Schreibposition 1.

● **Arbeit mit dem Tabulator:**

1. Alte Tabulator-Stopps löschen.

2. Neue Tabulator-Stopps eingeben.

3. Überprüfen.

4. Beim Schreiben der Aufstellung werden die Leerräume zwischen den Spalten mit der Tabuliertaste überbrückt.

3.1.2 Wortarten

	10	39	62
Zeile 1	Bestimmung	hebt	schlecht
2	Augenblick	lebt	entfernt
3	Gegenstand	gibt	geeignet
4	Verbindung	webt	herrlich
5	Geschichte	ahnt	wirklich

3.1.3 Europäische Länder mit ihren Hauptstädten

	25	47
6	Land	Hauptstadt
7	Finnland	Helsinki
8	Norwegen	Oslo
9	Portugal	Lissabon
10	Schweden	Stockholm

3.1.4 Ergebnisse eines 15-km-Laufes

	20	35	52
11	Name	Vorname	Stunden
12	Hell	Annette	00.59.21
13	Thom	Marlies	01.03.05
14	Jost	Christa	01.08.37
15	Frie	Margret	01.11.20
16	Palm	Claudia	01.17.05

3.1.5 Wichtige Telefonnummern

	10	25	39	55
17	Name	Vorname	Wohnort	Telefonnummer
18	Bußmann	Gerhard	Osnabrück	(05 41) 3 67 67
19	Mertens	Herbert	Bielefeld	(05 21) 7 23 32
20	Schmidt	Wilhelm	Stuttgart	(07 11) 5 55 66
21	Schulte	Andreas	Oldenburg	(04 41) 4 11 76
22	Wiegand	Manfred	Göttingen	(05 51) 2 98 45

3.1.6 Ergebnisse eines Kurzschrift-Leistungsschreibens

Schreiben Sie die folgende Aufstellung (Beginn der Spalten in Klammern):

Name (10), Vorname (26), Silben (42), Note (57); Breuer, Silvia, 160, gut; Robert, Sigrid, 160, befriedigend; Groppe, Monika, 140, sehr gut; Seidel, Gisela, 140, gut; Kröger, Regina, 120, sehr gut; Becker, Marita, 120, gut.

3.2 Hervorhebungen

3.2.1 Besonderheiten beim Sperren

Zeile 1 Bei der Firma Frey wurden   400   T a s c h e n   bestellt.
2 Am 15. Oktober wurden sogar   1 500   S t ü c k   bestellt.
3 Alle   10 000   H e f t e   sind gestern hier eingetroffen.

3.2.2 Schreiben in Großbuchstaben

4 Der Absatz der Marken WESER und ELBE ist zufriedenstellend.
5 Können Sie uns die Modelle FRANKFURT und MÜNCHEN empfehlen?
6 Ihren anspruchsvollen Kunden empfehlen wir die Marke LUXUS.

3.2.3 Fettschrift

7 Die **Fettschrift** eignet sich ebenfalls als Hervorhebungsart.
8 Die Hervorhebung durch **Fettschrift** ist besonders auffällig.
9 Nur die **wichtigen Textstellen** sollten hervorgehoben werden.

3.2.4 Einrückung

10 Auf der diesjährigen Büromesse in Düsseldorf können wir den

11   TAB 20

12   neuesten Personalcomputer mit einem Thermodrucker

13

14 vorführen. Wir erwarten Sie an unserem Ausstellungsstand 3.

3.2.5 Mehrzeilige Einrückung

15 Am Computer kann man besonders wichtige Textteile hervorhe-
16 ben. Hierbei können Sie zwischen

17   TAB 20

18   Sperren, Unterstreichen, Anführungszeichen, Groß-
19   buchstaben, Einrücken, Wechsel der Schriftart so-
20   wie Fettschrift und Zentrieren

21

22 wählen. Alle Schreibregeln müssen Sie dabei genau beachten.

3.2.6 Aufgabe

Rücken Sie die gekennzeichnete Textstelle ein:
*   Bitte überweisen Sie uns sofort den Betrag von 2 700,00 DM*
*   bis zum 15. September d. J.*
*   auf das Konto Nr. 23 185 (BLZ 414 500 75) bei der Sparkasse.*

3.2.7 Zentrieren

23 Ab 01.10. d. J. ist für den Bezirk Südwestdeutschland unser
24 Mitarbeiter,

25

26   Herr Albert Wallgärtner,

27

28 zuständig, der Sie schon am nächsten Freitag besuchen wird.

29 Zu einer Besprechung in unserem Hauptwerk laden wir Sie für

30

31   Freitag, 05.03. d. J., 14.00 Uhr

32

33 ein. Wir bitten Sie, sich pünktlich in Raum 21 einzufinden.

3.2.8 Regeln

● Zahlen werden nicht gesperrt. Davor und dahinter läßt man jedoch drei Leerschritte.

● Einrückungen beginnen auf Grad 20 und enden auf Grad 70. Vor und nach den eingerückten oder zentrierten Textzeilen bleibt eine Leerzeile (zweimal schalten).

3.3 Veränderung des Zeichenschrittes; Blocksatz

3.3.1 Veränderung des Zeichenschrittes

● In DIN 2107 (Schriftfamilien für Maschinen der Textverarbeitung) sind die Schriftfamilien, die Schrifthöhe, Teilungen und Grundzeilenabstände aufgeführt.

Schriftfamilie	Teilung mm	Einstellung	Schriftart	Schriftbeispiel
Mikro	1,69	15	Diamant	in allen Ländern der Welt.
Elite	2,12	12	Modern	in allen Ländern der Welt.
Pica	2,54	10	Carré	in allen Ländern der Welt.
Plakat	2,54 oder 3,18	10	Plakatschrift	in allen Ländern der Welt.

3.3.2 Aufgabe

Schreiben Sie den folgenden Text gegliedert ab, indem Sie nach den einzelnen Abschnitten ∫ zweimal schalten. Wählen Sie für den Druck den Zeichenschritt 10.

Zeile
1 Sehr geehrter Herr Reiß,∫für Ihre Anfrage danken wir Ihnen.
2 Einen Präzisionsumdrucker können wir Ihnen schon zum Preise
3 von 950,00 DM anbieten. Geräte dieser Art haben sich in der
4 Praxis als wenig störungsanfällig erwiesen. Kleine Auflagen
5 bis zu 300 Stück können Sie damit kostengünstig herstellen.∫

6 Unser Mitarbeiter, Herr Wegmann, ist in der kommenden Woche
7 in Ihrer Nähe und wird Ihnen auf Wunsch den angebotenen Um-
8 drucker gern vorführen. Über Bürokopiergeräte könnte er Sie
9 dann ebenfalls informieren.∫Zu weiteren Auskünften sind un-
10 sere Mitarbeiter immer gern bereit.∫Mit freundlichen Grüßen

3.3.3 Blocksatz

● Um einen gleichmäßigen Endrand (Blocksatz) zu bekommen, ist ein entsprechender Befehl einzugeben. Es ist möglich, daß der Blocksatz bereits eingestellt ist.

Beispiele:

Ungleichmäßiger Endrand (Flattersatz)

> Nach dem Besuch Ihres Mitarbeiters, Herrn Wegmann, bestel-
> len wir den Präzisionsumdrucker Nr. 3 450 für 950,00 DM.

Ausgeglichener Endrand (Blocksatz)

> Nach dem Besuch Ihres Mitarbeiters, Herrn Wegmann, bestel-
> len wir den Präzisionsumdrucker Nr. 3 450 für 950,00 DM.

3.3.4 Aufgabe

Schreiben Sie den folgenden Text. Gleichen Sie die ungleichmäßigen Zeilen aus, indem Sie den Befehl für den Blocksatz eingeben.

11 Die Beanstandung des von uns gelieferten Kopiergerätes kön-
12 nen wir nicht anerkennen, weil der Fehler offenbar auf eine
13 unsachgemäße Behandlung zurückzuführen ist.

14 Unser Außendienstmitarbeiter hatte Sie ausdrücklich darauf
15 hingewiesen, daß eine neue Papierrolle durch die entspre-
16 chende Vorrichtung geführt werden muß. Bei Ihrem Gerät kam
17 es zu einem Papierstau.

18 Bitte haben Sie Verständnis dafür, daß wir für diese Rekla-
19 mation keine Gewähr übernehmen können. Wir sind aber bereit,
20 Ihnen das Gerät zu einem günstigen Preis zu reparieren.

3.4 Autorenkorrekturen

3.4.1 Wichtige Korrekturzeichen

- Falsche Buchstaben
- Fehlende Buchstaben
- Verstellte Buchstaben
- Überflüssige Wörter
- Fehlende Wörter
- Verstellte Wörter
- Zusammengehörige Wörter
- Fehlende Zwischenräume
- Falsche Trennungen
- Absatz
- Anhängen eines Absatzes
- Zu große Zeilenabstände
- Zu kleine Zeilenabstände
- Fehlendes Sperren

3.4.2 Aufgaben

a) Schreiben Sie den nachstehenden Text fortlaufend, korrigieren Sie die Schreibfehler sofort.
b) Speichern Sie den Text!

Zeile
1 An Textsystemen und Computern ist es möglich, Texte während
2 der Texteingabe oder nachträglich zu bearbeiten. Sind Texte
3 gespeichert, können Textteile auch noch gelöscht, eingefügt
4 oder umgestellt werden. Der Autor des Textes bringt dann an
5 den zu verändernden Stellen genormte Korrekturzeichen an.

6 Bei Schreibfehlern ist das fehlerhafte Schriftzeichen durch
7 einen senkrechten Strich zu kennzeichnen und die richtige
8 Schreibweise am Rand zu vermerken. Fehlende oder zusätzliche
9 Zeichen oder Wörter werden durch Korrekturzeichen markiert.
10 Korrekturzeichen gibt es auch noch für andere Fehlerarten.

3.4.3 Autorenkorrekturen

a) Nehmen Sie an dem Text die erforderlichen Korrekturen vor.
b) Speichern Sie den Text erneut. Drucken Sie den Text aus.

An Textsystemen und Computern ist es möglich, Texte während
der Texteingabe oder nachträglich zu bearbeiten. Sind Texte
gespeichert, können Textteile auch noch gelöscht, eingefügt
oder umgestellt werden. Der Autor des Textes bringt dann an
den zu verändernden Stellen genormte Korrekturzeichen an.

Bei Schreibfehlern ist das fehlerhafte Schriftzeichen durch
einen senkrechten Strich zu kennzeichnen und die richtige
Schreibweise am Rand zu vermerken. Fehlende oder zusätzliche
Zeichen oder Wörter werden durch Korrekturzeichen markiert.
Korrekturzeichen gibt es auch noch für andere Fehlerarten.

3.5.1 Aufgaben

a) *Schreiben Sie den nachstehenden Text fortlaufend, korrigieren Sie die Schreibfehler sofort.*
b) *Speichern Sie den Text.*

```
Zeile 1  Seit vielen Jahren gehören Sie zu unseren treuen Kunden. Sie
     2   beziehen regelmäßig von uns Büromöbel und andere Artikel. An
     3   einer guten Geschäftsverbindung mit Ihnen ist uns sehr gele-
     4   gen. Darum werden wir uns auch in Zukunft bemühen, Sie immer
     5   zufriedenzustellen.

     6   Heute möchten wir Sie auf unsere neuen Registraturmöbel hin-
     7   weisen. Bestimmt haben Sie schon einmal überlegt, ob die Ab-
     8   lage in Ihrem Unternehmen noch zeitgemäß ist und ob es nicht
     9   andere Möglichkeiten gibt, Schriftgut übersichtlich geordnet
    10   aufzubewahren.

    11   Eine besonders vorteilhafte Registraturform ist die hängende
    12   Ablage, die in lateraler oder vertikaler Form lieferbar ist.
    13   Bei der vertikal hängenden Registratur sind die Schriftgut-
    14   behälter in einem Schreibtisch untergebracht.

    15   Für die Hängeregistratur bieten wir Ihnen verschiedene Büro-
    16   möbel an. Schrankanlagen und Organisationsschreibtische für
    17   die hängende Ablage können Sie bei uns sehr preisgünstig er-
    18   halten. Entsprechende Schriftgutbehälter haben wir vorrätig.

    19   In allen Organisationsfragen beraten wir Sie immer gern.
```

3.5.2 Autorenkorrekturen

a) *Führen Sie die eingezeichneten Korrekturen aus. Nehmen Sie die erforderlichen Silbentrennungen vor.*
b) *Gleichen Sie den rechten Schreibrand durch Blocksatz aus.*
c) *Speichern Sie den Text erneut, drucken Sie ihn danach aus.*

Seit vielen Jahren ~~gehören~~ Sie zu unseren treuen Kunden. Sie — zählen
beziehen regelmäßig von uns Büromöbel und ~~andere Artikel.~~ An — Büromaschinen
einer guten Geschäftsverbindung mit Ihnen ist uns ~~sehr~~ gele- — ⌤
gen. Darum werden wir uns auch in Zukunft bemühen, Sie ~~immer~~ — in jeder Weise
zufriedenzustellen.

Heute möchten wir Sie auf unsere ~~neuen~~ Registraturmöbel hin- — ⌤
weisen. Bestimmt haben Sie schon einmal überlegt, ob die Ab- — auch
lage in Ihrem Unternehmen ~~noch zeitgemäß~~ ist und ob es nicht — rationell
andere Möglichkeiten gibt, Schriftgut übersichtlich geordnet — das
aufzubewahren.

~~Eine besonders vorteilhafte~~ Registraturform ist die hängende — ⌤ IB L ⌤ ⌤
Ablage, die in lateraler oder vertikaler Form lieferbar ist.
Bei der vertikal hängenden Registratur sind ~~die~~ Schriftgut- — alle
behälter in einem Schreibtisch untergebracht.

Für die Hängeregistratur bieten wir ~~Ihnen~~ verschiedene Büro- — ⌤
möbel an. Schrankanlagen und Organisationsschreibtische für — für die laterale Aufbewahrung
die hängende Ablage können Sie bei uns ~~sehr~~ preisgünstig er- — ⌤
halten. Entsprechende Schriftgutbehälter haben wir vorrätig.

In allen Organisationsfragen beraten wir Sie ~~immer~~ gern. — ⌤

4 Formale Textverarbeitung

4.1 Anschriften

<table>
<tr><td valign="top">

```
1   .
2   .
3   Frau Amtsrätin
4   Ingrid Neumann
5   Marktstraße 12
6   .
7   44866 Bochum
8   .
9   .
```

</td><td valign="top">

```
1   .
2   .
3   Herrn Geschäftsführer
4   Dr. Heinz Neu und Frau
5   Kölner Ring 215 III r.
6   .
7   33617 Bielefeld
8   .
9   .
```

</td></tr>
</table>

- **Die Anrede beginnt in der 3. Zeile des neunzeiligen Anschriftfeldes. Vor der Postleitzahl und dem Bestimmungsort bleibt eine Leerzeile.**
- **Berufs- oder Amtsbezeichnungen stehen hinter der Anrede.**

- **Akademische Grade (z. B. Dr., Dipl.-Ing., Dipl.-Kfm., Dipl.-Hdl.) werden als Bestandteile des Namens angesehen. Sie stehen davor.**
- **Für Stockwerkangaben werden römische Zahlen verwendet.**

<table>
<tr><td valign="top">

```
1   Eilzustellung
2   .
3   Eheleute
4   Martina und Hans Keller
5   Albrecht-Dürer-Platz 3 II
6   .
7   04275 Leipzig
8
9
```

</td><td valign="top">

```
1   Einschreiben
2   .
3   Frau
4   Ilse Schulze
5   bei Westermann
6   Im Tiefen Grund 16 b
7   .
8   48149 Münster
9
```

</td></tr>
</table>

- **Sendungsart (z. B. Drucksache) oder Versendungsform (z. B. Einschreiben, Eilzustellung) werden in der 1. Zeile vermerkt.**

- **Untermieterangaben werden unter den Namen gesetzt.**
- **Soll ein Privatbrief an einen Mitarbeiter eines Unternehmens zugestellt werden, ist unter dem Namen des Empfängers die Firma anzugeben.**

<table>
<tr><td valign="top">

```
1   Eilzustellung
2   .
3   Lehmann & Krause KG
4   z. H. Herrn Walter
5   Postfach 13 75
6   .
7   40210 Düsseldorf
8
9
```

</td><td valign="top">

```
1   Einschreiben - Rückschein
2   .
3   Firma
4   Paul Lehmann
5   Postfach 8 17 02
6   .
7   80335 München
8
9
```

</td></tr>
</table>

- **Soll eine Sendung einen bestimmten Mitarbeiter erreichen, wird dies durch den Zusatz „z. H." kenntlich gemacht.**

- **Das Wort „Firma" wird weggelassen, wenn aus der Empfängerbezeichnung ersichtlich ist, daß es sich um eine Firma handelt.**

Gestalten Sie folgende Anschriften:

Einschreiben - Frau Studienrätin Dipl.-Hdl. Eva Jung, bei Hoffmann, Frankfurter Allee 27, 66123 Saarbrücken

Möbelgroßhandlung Gebrüder Sauermann OHG, z. H. Herrn Neumeyer, Postfach 16 03, 60329 Frankfurt

Eilzustellung - Herrn Elektromeister Rudolf Schäfer, Postfach 51 22 36, 30159 Hannover

Herrn Amtsrat Hermann Bauer und Frau, Dortmundweg 7 II, 39112 Magdeburg

Herrn Geschäftsführer Dipl.-Kfm. Karl Hermann, Drahtwerke AG, Postfach 1 67 89, 59063 Hamm

Firma Gerhard Braun, z. H. Herrn Waldmann, Postfach 2 47, 59757 Arnsberg

Formatierung für einen Brief A4 ohne Aufdruck

1. *Linker Rand: Grad 10*
2. *Rechter Rand: Grad 70*
3. *Zeichenschritt: 1/10*
4. *Zeilenabstand 1*

5. *Tabulator-Stopps*
   Grad 20 (Schreibposition 11)
   Grad 50 (Schreibposition 41)

Obere Kante des Blattes

```
 1   .
 2   .
 3   .
 4   .                                     41
 5  Ulrike Steinhoff                      Dortmund, 15.03...
 6  Westfalendamm 18
 7  44141 Dortmund
 8  Tel. (02 31) 67 83
 9   .
10   .
11   .
12   .
13   .
14   .
15  Stenografenverein
16  Dortmund-Hörde E. V.
17  Wittener Straße 120
18   .
19  44149 Dortmund
20   .
21   .
22   .
23   .
24  Stadtmeisterschaft im Maschinenschreiben
     .

    Sehr geehrte Damen und Herren,

    in den "Dortmunder Nachrichten" las ich, daß Sie am über-
    nächsten Wochenende ein Leistungsschreiben durchführen. Ich
    möchte gern an dem Wettbewerb im Maschinenschreiben teil-
    nehmen. Ist die Teilnahme an eine Mitgliedschaft gebunden?

    Vor einiger Zeit besuchte ich einen Lehrgang in Deutscher
    Einheitskurzschrift. Ich schrieb damals 100 Silben in der
    Minute. Besteht in Ihrem Verein die Möglichkeit, die Ver-
    kehrsschrift zu wiederholen und regelmäßig zu üben?

    Bitte informieren Sie mich auch über die anderen Lehrgänge
    und über eine Mitgliedschaft in Ihrem Verein.

    Freundliche Grüße
```

Regeln

● Die Absenderanschrift beginnt mit dem Namen in der 5. Zeile. Darunter sind in der 6. Zeile die Straßenbezeichnung mit der Hausnummer, in der 7. Zeile Postleitzahl und Wohnort und in der 8. Zeile die Telefonnummer aufzuführen. In der 5. Zeile steht rechts neben dem Namen in Spalte 41 der Ort mit dem Datum (zweistellig).

● Die 13. Zeile entspricht der 1. Zeile des Anschriftfeldes. Werden Versendungsform oder Sendungsart nicht bezeichnet, beginnt man in der 15. Zeile mit der Empfängeranschrift.

● Der Betreff wird in die 24. Zeile geschrieben. Bis zur Anrede bleiben zwei Leerzeilen (dreimal schalten).

--- Obere Papierkante

```
 1  .
 2  .
 3  .
 4  .                                          41
 5  Thomas Westermann            Frankfurt, 20.01...
 6  Gießener Straße 15
 7  60435 Frankfurt
 8  Tel. (0 69) 6 72 13
 9  .
10  .
11  .
12  .
13  .
14  .
15  Maschinenfabrik
16  Wilhelm & Co. KG
17  Postfach 12 30 78
18  .
19  60329 Frankfurt
20  .
21  .
22  .
23  .
24  Bewerbung um einen Ausbildungsplatz
```

Sehr geehrte Damen und Herren,

in den "Stadtnachrichten" las ich, daß Sie Auszubildende für den Beruf des Industriekaufmanns einstellen wollen. Ich habe den Wunsch, Industriekaufmann zu werden. Deshalb bewerbe ich mich um einen Ausbildungsplatz.

Folgende Bewerbungsunterlagen füge ich diesem Schreiben bei:

        1 tabellarischen Lebenslauf
        2 Ablichtungen der letzten Schulzeugnisse
        1 Praktikantenzeugnis
        1 Lichtbild

Zur Zeit besuche ich die Berufsfachschule, aus der ich Ende des Schuljahres entlassen werde. Die beiliegenden Zeugnisse informieren Sie über meine schulischen Leistungen. Ganz besonders interessieren mich die Fächer Textverarbeitung, Betriebswirtschaftslehre und Kurzschrift.

In den Sommerferien absolvierte ich ein Betriebspraktikum, das mir viel Freude bereitete. Danach entschloß ich mich, Industriekaufmann zu werden.

Ich würde mich gern einmal bei Ihnen vorstellen.

Mit freundlichen Grüßen

5 Anlagen

Regeln

● Der Anlagenvermerk steht nach drei Leerzeilen (viermal schalten) unter dem Gruß. Werden die Anlagen im Text nicht erwähnt, sind sie unter dem Wort „Anlage(n)" einzeln aufzuführen.

4.4 Briefe A4 ohne Aufdruck nach formloser Vorlage

4.4.1 Bewerbung als Personalsachbearbeiter

Gestalten Sie folgenden Brief normgerecht:

Briefkopf:	*eigene Absenderangaben*
Datum:	*heutiges Datum*
Empfängeranschrift:	*Fahrradwerke Hagen & Co. AG*
	Postfach 1 45 98, 33602 Bielefeld
Betreff:	*Bewerbung*
Anlagen:	*5 Anlagen*

Anschläge je Block		Gesamt-anschläge
60	Sehr geehrte Damen und Herren, von Ihrem Mitarbeiter, Herrn	60
122	Fröhlich, habe ich erfahren, daß Sie zum 1. Februar d. J.	122
181	die Stelle eines Personalsachbearbeiters neu besetzen wer-	181
244	den. Um diese Stelle bewerbe ich mich bei Ihnen. Zeugnisse	244
304	meiner letzten Arbeitgeber füge ich diesem Schreiben bei.	304
60	Nach meiner Ausbildung als Großhandelskaufmann war ich zu-	364
124	nächst bei der Großhandlung Schröder in Münster beschäftigt,	428
185	bevor ich als Sachbearbeiter für den Einkauf bei den Draht-	489
247	werken in Hamm eingestellt wurde. Innerhalb dieses Unterneh-	551
310	mens wechselte ich dann später in die Personalabteilung über.	614
61	Da ich aber bei meinem jetzigen Arbeitgeber keine weiteren	675
123	Aufstiegsmöglichkeiten sehe, möchte ich bei Ihnen eine neue	737
186	Tätigkeit aufnehmen. Bitte teilen Sie mir mit, ob Sie noch	800
245	andere Unterlagen benötigen. Ich würde mich freuen, wenn	859
305	ich mich Ihnen vorstellen dürfte. Mit freundlichen Grüßen	919

4.4.2 Beanstandung einer Schreibmaschine

Gestalten Sie den nachstehenden Brief normgerecht:

Briefkopf:	*eigene Absenderangaben*
Datum:	*heutiges Datum*
Empfängeranschrift:	*Büromaschinenhandel*
	Hans Petermeyer
	Postfach 1 65 28, 58089 Hagen
Betreff:	*Reklamation einer elektronischen Schreibmaschine*
Anrede:	*Sehr geehrter Herr Petermeyer*

Anschläge je Block		Gesamt-anschläge
59	Am 10.09. v. J. kaufte ich in Ihrem Geschäft die elektro-	59
122	nische Schreibmaschine "Elektronik 100". Ich hatte mich da-	122
182	mals von Ihnen beraten lassen, weil ich mich zwischen zwei	182
247	Schreibmaschinen nicht entscheiden konnte. Die "Elektronik"	247
307	hatten Sie als eine besonders robuste Maschine empfohlen.	307
62	Schon nach kurzer Zeit stellte ich fest, daß sich die Typen-	369
122	räder schwer auswechseln ließen. Nachdem dieser Schaden be-	429
182	hoben war, funktionierte der Farbbandtransport nicht mehr.	489
244	Die Maschine wurde erneut repariert. Als ich gestern etwas	551
304	schreiben wollte, ließ sich das Druckwerk nicht bewegen.	611
60	Dies ist nun die dritte Beanstandung innerhalb weniger Mo-	671
121	nate. Da die Garantiezeit noch nicht abgelaufen ist, bitte	732
181	ich, mir diese elektronische Schreibmaschine gegen eine ein-	792
243	wandfreie Maschine umzutauschen. Ich nehme an, daß Sie für	854
303	meinen Wunsch Verständnis haben. Mit freundlichen Grüßen	914

4.5 Lebenslauf in Tabellenform

--- Obere Papierkante

35

Lebenslauf

Name: Ulrike Steinhoff

Geburtsdatum: 17.07...
Geburtsort: Dortmund

Anschrift: Westfalendamm 18
                         44141 Dortmund

Eltern: Erwin Steinhoff, Kaufmann
                         Ingrid geb. Ahrens, Lehrerin

Schulbesuch: Sommer 19.. - Sommer 19..
                         Grundschule in Dortmund

                         Sommer 19.. - Sommer 19..
                         Hauptschule in Dortmund

                         Sommer 19.. - Sommer 19..
                         Berufsfachschule für Wirtschaft

Lehrgänge: Eilschriftlehrgang im
                         Stenografenverein 1951 E. V.

                         Lehrgang "Einführung in die
                         elektronische Datenverarbeitung"
                         bei der VHS in Dortmund

Sonstiges: Mitglied im Stenografenverein
                         Dortmund 1951 E. V. seit 19..

                         Mitglied im Sportverein
                         TuS Wellinghofen

                         Sportabzeichen im Jahre 19..
                         Laufabzeichen, Stufe 2

Dortmund, 8. Februar 19..

Abkürzungen		
mit Punkt	i. A. z. H.	bzw. usw.
ohne Punkt	GmbH BGB	DM kg
Anführungszeichen	”sehr gut”	Marke ”Luxus”
Bankleitzahlen	BLZ 400 500 75	BLZ 300 500 25
Bildschirmtext-Nr.	Btx 3456 7898	Btx 12 3456 7835
„bis”	20,00 - 25,00 DM	09.00 - 12.00 Uhr
Dezimalzahlen	250,35 DM	0,07 DM
Einfache Zahlen	5 000 Stück	5 000 000 Einwohner
Fehlende Schriftzeichen		
ä, ö, ü und ß	ä = ae, ö = oe, ü = ue, ß = ss	
Cedille (mit Komma)	Auch Hélène besuchte François.	
$ und Dollar: S und / = $	Sie schuldet uns noch 14,45 $.	
Pfund: L und - = Ł	Es sind noch 12 Ł zu bezahlen.	
„geboren” x und - = x	Hans Kleinschmidt, x 20.04.82.	
Gleichheitszeichen	1 kg = 1 000 g	25 km = 25 000 m
Kalenderdaten		
alphanumerisch	1. Juni 1986	01. Juni 86
numerisch	01.02.86	01.02.1986
Klammern	Bayern (München)	Unterschrift(en)
Mittestrich		
Bindestrich	Hamburg-Altona	Theodor-Heuss-Allee
Ergänzungsbindestrich	auf- und abladen	Postein- und -ausgang
Gedankenstrich	... Versuch - leider ...	... - hoffentlich ...
„gegen”; Streckenangaben	HSV - Schalke 04	Frankfurt - Stuttgart
Nichtdezimale Teilungen	09.40 Uhr	05.12.03 Stunden
Ordnungszahlen	5. Platz	VII. Stockwerk
Postfachnummern	Postfach 3 33	Postfach 3 33 33
Girokonto-Nr. der Postbank	43 56-502	643 56-502
Promille	0,4 o/oo	1,2 o/oo
Rechenzeichen		
Subtraktionszeichen	135 - 20 = 115; 152 - 53 = 99	
Multiplikationszeichen	10 . 3 = 30; 150 x 10 = 1 500	
Divisionszeichen	100 : 25 = 4; 2 000 : 4 = 500	
Römische Zahlen	I = 1; II = 2; X = 10; L = 50	
	C = 100; D = 500, M = 1 000	
Sperren	Liefern Sie 5 000 S t ü c k bis Montag.	
Telefaxnummern	Fax 3 45	Fax 3 45 67
Telefonnummern	(02 31) 4 57-1	(0 56 28) 5 93-1 85
Teletexkennung	Ttx 987654=hein	Ttx 9876543=hein
Telexkennung	Tx 123456 hein d	Tx 12345678 hein d
Unterführung	Bestellung vom 15.02. über 10 Rechenmaschinen	
	„ ” 17.03. ” 10 Schreibmaschinen	
Unterstreichen	Zahlen Sie bis <u>spätestens 25. Februar d. J.</u>	
Verhältniszeichen	Maßstab 1 : 100 000	
Zeichen für Wörter	§ 1 BGB, §§ 2 - 5, 5 %	5prozentiger, 5%iger

Gesamtherstellung: Winklers Verlag · Gebrüder Grimm · Darmstadt